まえがき

人は「人間関係」の中で生きています。

家族との人間関係、友人との人間関係、そして仕事の人間関係の中で生きているのです。

言い換えれば、**すべての基本は、「人とどうつきあっていくか」ということにかかっているのです。**


家族円満で幸せに生きていくためにも、たくさんの友人たちに囲まれて自分らしく生きていくためにも、個性的な仕事をして成功するためにも、そのポイントはすべて「人とどうつきあっていくか」ということにかかっています。

言い換えれば、**幸せに生きている人、自分らしく生きている人、仕事でバリバリ活躍している人は、共通して、人づきあいが上手いのです。**

人づきあいが上手いというのは、ある意味、その人の能力だと思います。

私は、そこで、この人づきあいの能力を**「対人力」**と名づけました。

「対人力」を身につけることが、幸せで充実した人生を実現するための重要なポイントになってきます。


まず最初に述べておきたいことは、人を押しのけて、人を打ち負かし、一方的に自分の思いだけを押し通していくことが「対人力」ではないということです。

「対人力」は、自分だけ良ければいい、という思想ではありません。

そうではなくて、**「対人力」とは、「アイムＯＫ、ユーアーＯＫ」という一致点を見つけ出す能力である**ということです。

お互いに納得でき、お互いに満足できる接点を見つけ出す、ということです。

このような作業は、力づくではできません。

穏やかな心で冷静に物事を判断し、考え、行動していく、しっかりした理性が必要になってきます。

「対人力」とは、まさに「理性の力」であると言えます。

この力を身につければ、身近な人たちとも仲良くつきあっていくことができます。たくさんの人たちの愛情に囲まれて幸福に生きていくこともできます。
また、多くの人たちの支援を受けて、自分の願望を実現していくこともできます。

自分自身が喜びに満ちあふれた人生を生きていきたいと願うのであれば、まずは他人に喜びを与えることです。

他人に喜びを与えられる人間になって、初めて自分も生きる喜びを実感できるようになります。

「対人力」が身についている人は、そのことをよく理解しています。

「対人力」とは、単なる人間関係を良くするだけではありません。コミュニケーション能力、交渉力、リーダーシップ、伝える技術、感情的にならない能力、打たれ強さ、などの総合的な能力のことです。

本書には、その内容がふんだんに盛り込まれています。

また、本書を読むことによって、この対人力の法則が自然に理解できるようになってくると思います。

なお、本書で取り上げた偉人たちの名言の多くは、読者にわかりやすく理解してもらえるように意訳してあることをお断りしておきます。

著者

目次

第2章　言いづらいことを上手に伝えていく　39

第3章　気配り・気遣いが上手い人になる　63

第4章　対人関係で、打たれ強くなる　85

第6章　苦手な相手とも上手くつきあう　129

第7章　怒らないで済む方法を考える　151

第8章　人との縁を大切にしていく　175

第1章
人の話を聞いてから、自分の思いを伝える

「言うべき時」と「黙って話を聞く時」があるということを知る

◆相手の話を聞き終わってから、自分の言いたいことを言う

一方的にガンガン自己主張すれば、とかく、相手から「この人は、自分の都合しか頭にない」「なんてわがままな人なんだろう」と思われてしまうでしょう。

そのために、相手から嫌われたり、敬遠されてしまうことになるかもしれません。

そうなれば、自分の言いたいことが相手に伝わっていきません。

いくら主張しても、というよりも強く主張すればするほど、相手はこちらの言うことに耳をふさいでしまうからです。

だからと言って、何も言わずに黙っていたら、どうなるのでしょうか。

特に相手にマイナスの印象を与えることはないかもしれません。

しかし、やはり、自分が言いたいことは相手に伝わりはしないのです。

そのために自分自身に欲求不満がたまってしまいます。

自己主張する上で大切なことは、「言うべき時は言う。しかし、言わなくていい時は言わない。黙っている」というタイミングの取り方を心得ておくことだと思います。

古代ギリシャの数学者であるアルキメデス（紀元前３世紀）は、**「言うべき時を知る人は、黙る時を知る」**と言いました。この言葉にある「黙る時」というのは、「相手の話を聞く」ということに言い換えられると思います。

基本として、自分は黙り、相手の話を聞き、そして相手が話し終わった時が、今度は自分が「言うべき時」なのです。

この「黙って相手の話を聞いてから、自分の言うべきことを言う」というタイミングの取り方が、上手に自己主張をしていく一つのコツになると思います。

このようなタイミングで会話を進める時、自分も言いたいことを言い、相手もまた言いたいことを言えるのです。

このアルキメデスの言葉には、そのような意味があると思います。

人の話を聞いてこそ、自分の思いが相手へ通じていく

◆自分が話す二倍ほど、相手の話に耳を傾ける

古代ギリシャの哲学者であるゼノン（紀元前4～3世紀）は、

「自然は人間に一枚の舌と、二つの耳を与えた。だから人間は、自分が話すことの二倍だけ、人の話を聞かなければならない」

と言いました。

上手に自己主張するためには「相手の話を聞く」ということが大切です。

それは、「自分が話すことの二倍ほど、相手の話に耳を傾ける」ということです。

この「相手の話を聞く」ということができない人は、結局は、自分が言いたいことを上手に相手に伝えることができないのです。

相手の話を聞けない人は、一方的にしゃべりまくります。

相手の話を聞くとしても、相手が話し終えるまで、じっくり耳を傾けることができません。

「あなたが話していることよりも、私が言うことのほうが、ずっと重要なことなのだ」と言わんばかりに、すぐに相手の話を遮《さえぎ》って、自分のことを話し始めてしまいます。

このようなタイプの人にとっては、「相手の話を聞く」ということは、ある意味、苦痛だと思います。

しかも、自分が話すことの二倍も、相手の話にじっと耳を傾けていなければならないとなると、その苦痛も二倍になるでしょう。

しかし、**相手の話を聞くことを優先しなければ、自分の気持ちや考えは相手に伝わってはいかないのです。**

何事も、自分の思いを実現するためには「人の話を聞く」ということが大切です。

相手の話を聞いてこそ、自分の思いが相手に通じるのです。

商談の成功率を高めるためのポイントは、相手の話をよく聞くことにある

◆相手にしゃべらせて、相手のニーズを探り出す

優秀な営業マンほど、聞き上手だという話を聞いたことがあります。

自分の会社の商品やサービスを売り込むよりも先に、まずは相手の話をよく聞くのです。そして、相手がどのようなニーズを持っているのかを十分に聞き出します。

相手のニーズがわかれば、それに合った商品やサービスを的確に提案することができます。そうすれば、商談を成約にまで持っていく確率がぐんと高まるのです。

ですから、まずは相手が何を欲しているかを知るために、相手の話を良く聞くことから始めるのです。

相手がどんなニーズを持っているかもわからずに売り込みを行うことは、的《まと》がどこにあるかわからない状態で、弓矢を放つようなものです。

的に弓矢が当たる確率、つまり商談が上手くいく確率はかなり低くなってしまうでしょう。

古代中国の兵法書である『孫子《そんし》』（春秋時代の思想家である孫武《そんぶ》（紀元前6世紀頃）の作であると言われている）には、

「敵を知り、己を知れば、百戦危《あや》うからず」という言葉があります。**「敵がどのような状態にあり、何をしようとしているのか。また、その敵に対して、自分たちはどのような対処の仕方ができるのかを十分に知っておけば、百戦戦っても負ける心配はない」**という意味です。

この兵法の法則は、ビジネスの商談を成功させることにも当てはまります。

「敵を知る」には、当時の戦場では、密偵《みってい》を放ったりして調べたのでしょう。しかし、現代のビジネスの場では、もっと簡単です。商談相手の話をよく聞けばいいのです。

そうやって相手がどのような状態にあり、何を欲しているのかを知れば、また、それに対して自分たちの会社が何を提供できるのか良く知っておけば、その商談に勝利する可能性が高まる、ということです。

好意的な態度で話を聞けば、相手も好意的に話を聞いてくれる

◆相手に同調する言葉を使いながら、適度にうなずく

人は、「この人は、好意的に私の話を聞いてくれている」と感じた相手の話を、自分もやはり好意的な気持ちで聞くようになります。

このような現象を、心理学では**「好意の返報性《へんぽうせい》」**と言っています。

相手が自分に好意を持っているとわかれば、自分も相手に好意を寄せるのです。

「上手に自己主張するためには、まずは相手の話を好意的な態度で聞くことが大切だ」という理由も、この人間が持つ「返報性」という心理傾向にあるのです。

では、どのようにして、相手に、「この人は、好意的に私の話を聞いてくれている」ということを印象づければいいのでしょうか？

これには、いくつかのテクニックが必要になります。

・「そうですねえ」「わかります」と、相手の話に同調しながら、適度にうなずいて相手の話を聞く。

・相手が真剣な顔で話をしている時は自分も真剣な顔で、相手がリラックスした態度で話す時は自分もリラックスして相手の話を聞く。

先の項目で「黙って相手の話を聞くことが大切だ」という話をしましたが、この「黙る」というのは「無言で」「無表情で」という意味ではありません。

「自分のことばかりベラベラしゃべらずに」という意味です。

相手の話を聞く時には、相手の話していることに同調するような、

「そうですねえ。確かに、おっしゃる通りです」

「あなたのお気持ちはよくわかります」

といったことを添えることも大切です。

また、適度にうなずくことも大切になってきます。

心理学の実験では、うなずきながら相手の話を聞いている時は、相手は気持ち良く話を続けることができますが、こちらがまったくうなずかないと、相手は話を途中でやめてしまうケースが多かった、ということが知られています。

話を聞く時の表情作りを間違えると、相手を不愉快にさせることになる

◆話の内容と相手の表情に合わせて、自分の表情を作る

聞き上手な人ほど、自分の思いや考えを相手に伝えることが上手い、と言えます。

聞き上手になるコツの一つに、相手の話を聞く際の**「表情」**があります。

時に、「私は真剣にあなたの話を聞いています」ということを印象づけるために、とても真剣な表情で相手の話を聞いている人がいます。

特に、新しく社会へ出てきた新入社員などに、このようなタイプの人が多いように見受けられます。

それこそ真剣な話を、相手も真剣な顔をして話している時は、それでいいのです。

相手も「いいかげんな気持ちで、こちらの話を聞いていない様子だ」と、自分に好感を持ってくれるでしょう。

しかし、相手が軽い世間話をしている時や、あるいは冗談を言って笑っているような時に、自分があまり真剣な表情をしていたら、相手は違和感をおぼえてしまうに違いありません。

「私が話していることが、つまらないということか。それとも私の話など聞きたくないというのか」と、好感どころか反感を持たせる結果になるかもしれません。

相手の話をどのような顔をして聞けばいいかを考える時に大切なことは、相手の話の内容と、相手の表情に、自分の顔の表情を「合わせる」ということです。

相手が軽い世間話や、冗談を言って笑っているような時には、こちらも朗らかな表情を作って相手の話を聞くのがいいのです。

もちろん、相手が真剣な顔で話をしている時には、こちらがヘラヘラ笑っていたら、相手が不愉快に思います。

また、話の内容というものは、会話の中で変化していきます。

最初、冗談を言って笑っていた相手が、急に真剣な話をし始める、ということもあります。そういう場合は、自分もそれに合わせて、話を聞く表情を変えていく必要が出てきます。

「良い点」ばかりではなく、「悪い点」にも触れていくほうが信頼性が増す

◆「良い点」ばかりを述べ立てないほうがいい

面接試験などで、自己アピールしなければならない時があります。

また、商談などで、自分が扱っている商品を売り込む場合があります。

そんな時に、自分や商品の「悪い点」には一切触れずに、「良い点」ばかりを強調する人がいます。

「悪い点」に触れてしまえば相手の印象が悪くなる、という思いがあるのです。

「良い点」ばかりを強調することで説得力が増す、という考えがあるのです。

しかし、これはかえって逆効果であることが、心理学の研究でわかってきています。

心理学に「**両面提示**」「**片面提示**」という言葉があります。

「**両面提示**」とは、「**良い点、悪い点を両方とも相手に伝える**」という方法です。

「片面提示」とは、「悪い点には触れずに、良い点ばかりを相手に伝える」ということです。

心理実験によって、この「両面提示」「片面提示」という二つのアピール方法によって、話を聞く側がどれだけ相手の言葉を信頼したかを調べたところ、**「両面提示」のアピール方法をとったほうが信頼性が高い**ことがわかりました。

自己アピールにしても、商品の売り込みにしても、良い点ばかりを述べ立てられると、話を聞いている側とすれば、「何か隠しているのではないか」「上手いことを言って、だまそうとしているのではないか」という疑いの感情を抱きやすくなるのです。

そのため信頼性が薄れてしまうのです。

その意味では、良い点ばかりではなく、多少は悪い点にも触れておくほうがいいのです。たとえば、

「ちょっと不器用なところもありますが、情熱だけは誰にも負けません」

「少しお値段が高いかもしれませんが、腕の確かな職人が手作りした良い商品です」

といった言い方です。

このように「両面提示」をするほうが、信頼性が高まると言えます。

相手のいいところを認めた上で、自分の持つ能力をアピールするほうがいい

◆「一方的な自己主張は説得力がない」と知る

ドイツの文学者であるゲーテ（18〜19世紀）は、

「自分の能力を認めてもらいたいならば、相手のいいところを認める必要がある」

と言いました。

自分がすばらしい能力を持っていることをわかってもらいたいと思い、自分のことばかり一方的にアピールする人がいます。

しかし、このような自己主張の仕方は、必ずしも大きな説得力を発揮しないのです。

より強く自分の能力を相手に印象づけたいのであれば、むしろ「相手のいいところを認めること」を優先するほうが効果的です。

たとえば就職試験や商談などでは、

「私には、こんな能力があるんです」と一方的に主張するよりも、「御社は、この分野で大変すぐれています。私の持つ能力は、必ず御社に役立つものと確信しています」と話すほうが説得力が増すのです。

好きな異性にアプローチする時も同様です。

「僕は、こんなにすごい能力を持っている」ということを一方的に主張するよりも、「君が持っている才能はすごいね。それに僕が持っている能力を加えて、二人で一緒に協力し合っていけば、僕たち、すばらしいパートナーになれると思うよ」と話すほうがアピール度が強いのです。

この他、さまざまな場面で、この「相手のいいところを認めた上で、自分の能力をアピールする」という話し方が役立ちます。

自分のいいところを指摘してくれる人に、相手は好感を持ちます。

自分の話に、より強い注意力を持つのです。

そして、自分が話すことも好意的に受け入れてくれます。

ですから、最初に「相手のいいところを認める」という話し方をするほうが得策なのです。

否定的なことを言う相手の言葉をはね返すのではなく、柔軟に受け入れる

◆「いいえ」「しかし」「ですが」といった言葉で言い返さない

自分が主張したことを、相手に否定されることがあります。

たとえば、会社の会議で、「この企画は、いい結果に結びつくと確信しています。ぜひ私にやらせてください」と主張したとします。

しかし、上司から、「今の状況では、かなり難しいのではないか」と否定的なことを言われた場合です。

そんな上司に反論したい時、「いいえ、そんなことはありません」と直接言い返すのは得策ではありません。

言い返せば、上司も、「君の考えは甘すぎる」と、また言い返してくるでしょう。

その結果、言い返しては、言い返される。また、言い返しては、言い返される……

という状態になってしまって、お互いに感情的になり、結局は上司を説得することなどできなくなってしまいがちです。

対人心理学に「**クッション話法**」という手法があります。この会話術を活用することで、相手から否定的なことを言われた場合に上手く対処できるようになります。

「クッション話法」というのは、否定的なことを言う相手の言葉を、「いいえ」「しかし」「ですが」といった打ち消しの言葉ではね返すのではなく、

「確かに、おっしゃる通りですね」

「課長が、そのようにおっしゃる理由を、私も良く理解しています」

「そうですね。難しい状況もありますね」

と、柔らかい言い方で、相手の言い分を受け入れる話し方を言います。

相手が自分の主張に対して否定的なことを言ったり、自分とは異なる考えを言ってきた時に、このように相手の言葉を受け入れることで、相手と感情的に衝突せずに済むのです。

その結果、お互いに、冷静に、次のステップへ話を進めていくことができるのです。

#「イエス・アンド話法」で、否定的な意見に反論する

◆事前に、相手の反論に対しての想定問答を考えておく

対人心理学に、**「イエス・アンド話法」**という手法があります。この手法は、自分の主張に対して否定的なことを言う相手に反論する時に有効です。

この手法で、お互いに感情的になったり、下手に衝突したり、人間関係を壊さずに済むのです。

「イエス・アンド話法」とは、たとえ相手から否定的なことを言われたとしても、相手の言葉を**「確かに、その通りです」**と受け入れてから、反論する、という話法です。

たとえば、自分が主張する企画に対して、上司から「今の状況では難しいのではないか」と言われたとします。

その際に、「確かに、そうですねえ」と、上司の言葉を受け入れてから、

「その点に関しては、私もいろいろ調べてみました。たとえば、市場の状況に関しては～という状況があります。これについては、～のような方策を取ることによって打開できると思います。また、我が社の技術力や資金面といった状況に関しては～といった問題がありますが、これも、～のような対策を取れば、だいじょうぶだと思われます」と話を先へ進めていくのです。

「イエス・アンド話法」の「アンド」の部分は、たとえば、

「その点に関しては～」

「見方を変えると～」

「私が事前に調べたところでは～」

といった言い方をして、話を先へ進めます。

相手に反感をおぼえさせることなく、自分の考えを述べられます。

この「イエス・アンド話法」に関しては、相手からどのような反論を受けるかあらかじめ予想しておき、それに対して自分がどのような説明を行うか事前に考えておくことが大切になってきます。

「自己主張が強い人」ではなく、「自己主張が上手い人」になる

◆円満な人間関係を保ちながら、自己主張していく

競争が激しい現代社会では、自己主張が強い人間でないと生き残っていけない、とよく言われます。

確かに、そういう一面もあるのかもしれません。

しかし、この言葉は誤解されやすい面があるとも思います。

というのも、「自己主張が強い人間」になろうとして、相手の言葉にまったく耳を貸さず、自分のことばかり一方的にしゃべりまくる人もいるのです。

相手が言うことをことごとく否定して、「私の言うことだけが正しい」といった話し方をする人もいます。

これは、良い自己主張の仕方ではないと思います。

なぜなら、このような、人を負かして生き残っていこうというようなケンカ腰の自己主張のやり方では、周りの人たちと無用な争い事を引き起こしてしまうだけだからです。

そうなれば、「自己主張が強い人間」どころか、いつも周りの人たちと衝突ばかり繰り返しているトラブルメーカーになってしまうだけです。

そして、組織の中で孤立してしまいます。

「生き残る」のではなく、みんなから「干されてしまう」だけなのです。

「自己主張が強い人間」になろうと思うのではなく、「自己主張の上手い人間」になることを目指すほうがいいと思います。

「自己主張の上手い人間」は、自分がしゃべるよりも、まずは相手の話をよく聞くことを優先します。

その上で、相手の意向を踏まえながら、自分の思いや考えを相手に伝えていくのです。

もちろん、その問題で人間関係をギクシャクさせたりはしません。**あくまでも、円満な人間関係を保ちながら、自分の思いや考えを相手に伝えるのです。**

第2章
言いづらいことを上手に伝えていく

気持ち良く断れば、相手は気持ち良く納得する

◆気持ち良く納得してもらえる断り方を学んでおく

人から頼まれることを「断る」というのは、なかなか難しいものです。

「断ると、相手に嫌な思いをさせてしまうのではないか。これがきっかけで、人間関係がギクシャクするのではないか」といった不安が働くのです。

しかし、ドイツの哲学者であるフリードリッヒ・ブーテルベーク（18〜19世紀）は、次のように言いました。

「気持ち良く断ることは、贈り物をするようなものである。気持ち良く断れば、相手は気持ち良く納得する」と。

大切なのは「気持ち良く断る」という点にあります。

これができれば、たとえ頼まれ事を断ったとしても、それで人間関係がギクシャク

することはありません。

それでは「気持ち良く断る」には、具体的にどうすればいいのでしょうか？

・曖昧《あいまい》な言い方をしない

・妥協案を提示する

・断る事情を簡潔に説明する

・「申し訳ない」という言葉は必要だが、謝りすぎない

「やってあげたいんだけど、私にできるかなあ？　できないかもしれないなあ？」といった曖昧な返事の仕方は、相手を不愉快な気持ちにさせる場合があります。

できないなら、「できない」と断るほうが賢明です。

ただし、「これはできないけれど、こういう条件ならできる」といった妥協案を示す方法を取れば、相手にとっては助かるでしょう。

また、断る理由も、あまり言い訳がましくならない言い方で、簡潔に説明することも大切です。

断る場合には「申し訳ない」という一言を添えることも大切ですが、一方で、ことさら謝りすぎる必要はないと思います。

自分の都合を伝える時に大切なことは、相手の立場に立ってものを考えることだ

◆「こういう条件であれば、できることもある」という妥協案を示す

仕事ができる人は、単純に「できない」という言葉を使わない、という話を聞いたことがあります。

もちろん、できないことは「できません」と断るしかありません。

ただし、単純に断って、そこで話を終わらせてしまうのではなく、相手の要望に100パーセント応えられないにしても、妥協案を示すのです。

「明日まで待ってもらえるなら、できますが」

「こういう条件でしたら、ここまではできると思います」

「あなたのほうで少し妥協してもらえれば、私ができる範囲で協力します」

といった具合です。

「断る」のは、自分の都合を相手に伝えることです。

しかし、自分の都合を相手に伝えるだけで話を終わらせてしまうのは、相手との良い人間関係を築いていく上で賢明ではありません。

自分の都合を相手に伝える時こそ大切なのは、相手の立場に立ってみる、ということです。

相手はどういう事情から、自分にこのような頼み事をしてくるのか、ということについて考えてみるのです。

相手の事情を理解できれば、「自分ができる範囲で、相手の助けになることをしてあげたい」という気持ちが自然に生まれてきます。

「こういう条件でなら、こういうことができる」という、上手な妥協案を相手に提示することもできるのです。

「できません」という単純な一言で、話をそこで終わらせてしまうことはないのです。

仕事ができる人というのは、たとえ断る時であっても、相手の立場に立ち、相手の事情を配慮した断り方ができるのです。

ですから、できる人は、周りの人たちから信頼されているのです。

自分が相手の要望に応えられない時は、要望に応えられそうな第三者を紹介する

◆第三者を紹介することで、相手の信頼を得る

相手の要望に応えられないということを、相手に伝えることは、心理的に辛いものです。

相手に申し訳ないという気持ちが生じてしまうからです。

また、相手の残念そうな顔を見れば、自分の気持ちも辛くなってしまうのです。

ただし、自分自身が要望に応えられなくても、誰か他に、相手の要望に応えられそうな人がいるかもしれません。

そういう時は、そんな第三者を紹介してあげることが、相手への親切になると思います。そうすれば、相手の残念そうな顔を見ることもありません。

その結果、自分も辛い気持ちをしないで済みます。

自分自身は仕方なく断ったとしても、相手は気持ち良く納得してくれるでしょう。

次のような話があります。

ある老舗の百貨店の受付で、案内係をしている女性の話です。

やって来たお客さんから、「こういう商品を置いてあるか」と尋ねられる時がありま す。しかし、残念ながら、そういった種類の商品を置いていない場合があります。

そういう時には、「私どものお店では扱っていないのですが～」と断ってから、その百貨店の近所にあるお店の中から、お客さんが要望している商品を売っているお店を紹介してあげるというのです。

言ってみれば、せっかくのお客さんを他のお店に渡してしまう結果になるのですが、そこまでお客さんのために親切にしてあげることによって、お客さんはその百貨店に良いイメージを持ちます。

「こんな親切な人がいる店なら、気持ちのいい買い物ができるだろう。今度、またこの百貨店に来て、いろいろと相談に乗ってもらおう」という気持ちになるものです。

ですから、**他人を紹介してあげても、決して損はしません。長い目で考えれば、得することになるのです。**

人は持ちつ持たれつで生きている、人にものを頼むことを大げさに考えない

◆頼み事をする時は、ていねいな言葉遣いと説明に気をつける

人に何かを頼む時、「罪悪感や抵抗感を感じる」と言う人がいます。

「自分の都合でこんなことを頼んで、あの人に迷惑なことになりはしないか」といった罪悪感が働くのです。

また、「頼み事なんてしたら、あの人に借りを作ることになる。これをきっかけに、何かと私に対して偉そうな素振りを見せられるようになるかもしれない。それは嫌だ」といった抵抗感を感じる人もいます。

しかし、「人にものを頼む」ということを、あまり大げさに考えることはありません。

人間関係は、いわば「持ちつ持たれつ」なのです。

お互いに助けたり助けられたりしながら協力して生きていく、ということなのです。

こちらから誰かに頼み事をする時もあります。一方で、誰かに何かを頼まれて、自分が手を貸してあげる、ということもあるのです。

ですから、人に何かを頼むということを、あまり大げさに考える必要はありません。

ただし、その際の、ものの言い方には注意も必要です。

・相手が同僚や目下であっても、ていねいな言葉遣いをする

・「何を」「いつまでに」「どういう事情から」頼みたいのか、しっかり説明する

・相手に「できない」と言われても、露骨《ろこつ》に不満そうな表情を表さない

人に何かを頼みたいという時は、恐らく、自分自身が非常に忙しい状況にある時だと思います。

そんな状況だと、得てして、「これやっといてね」といった乱暴で一方的な言い方になりがちです。また、「なぜ頼むのか」という説明も不足になりがちです。

そんな乱暴な頼み方は、それこそ相手に迷惑をかけることになりますから、注意したほうがいいでしょう。

相手を「みずから動きたい」という気持ちにさせる言い方を工夫する

◆相手の「自己重要感」を高める頼み方をする

アメリカの人間関係の研究家であり、数多くの著作を書いたデール・カーネギー（19〜20世紀）は、

「人を動かす秘訣は、間違いなく、一つしかない。それは相手を『みずから動きたい』という気持ちにさせることだ」と述べました。

この「人を動かす」という言葉は、「人に頼み事をする」、あるいは「人に何かを命じる」ということにも言い換えられると思います。

「これ頼んだね。よろしくね」

「君に任せるから、やっといてくれ」

といった一方的な頼み方、命じ方では、相手は「みずから動きたい」という気持ち

にはなれないでしょう。

「今、できません」と拒否されるか、たとえ応じたとしても、やる気を見せてはくれないでしょう。

相手を「みずから動きたい」という気持ちにさせるにはコツがあります。

それは、相手の「自己重要感を高める話し方をする」ということです。

「自己重要感」とは、「自分のことを価値ある存在だと認められたいと思う欲求」ということを表しています。

この自己重要感を高めるためには、たとえば、

「あなたの才能を見込んで頼みます。あなた以外に頼める人はいません」

「君は、この分野は得意だったね。そんな君を見込んで、この仕事を任せたいと思っているんだ」

という話し方をすることが大切です。

このような、相手が持つ才能、能力、技能、性格、あるいはやる気や意欲といったものを高く評価することで、相手の「自己重要感」は高まります。

そうすると、相手は自然と「みずから動きたい」という気持ちになってくるのです。

相手の悪い点を指摘する時ほど、相手を立てる話し方をするようにする

◆相手を立てながら、相手の悪い点を注意する

相手の努力不足や、不注意からの失敗、また性格的な欠点など、あえて指摘しなければならない時があります。

しかし、言い方を間違えると、相手のプライドを傷つけることになるかもしれません。あるいは、相手を不愉快な気持ちにさせる結果となって、そのために人間関係がギクシャクしてしまうことにもなりかねません。

そうすると、そのようなことが心理的負担となって言いづらくなってしまうこともあります。しかし、このまま放置しておくと大きなトラブルに発展しかねない場合には、やはりキチンと指摘しておくほうがいいのです。

このような場合、注意しなければならないのは、

「私にも迷惑がかかっているのに、気づかないのか」「あなたは、どうしていつもダメなのよ」といったように、一方的に相手を非難するような話し方にならないようにする、ということです。

非難する話し方になると、それこそ相手を傷つけたり、口ゲンカになってしまう危険性が高まるのです。

ですから、相手の悪い点を指摘する時ほど、相手を立てながら、ていねいに説明することが大事になってくるのです。

アラブの格言に、**「真理の矢を投げるなら、その先端をハチミツに浸《ひた》す」**というものがあります。

「真理の矢を投げる」とは、「相手の悪い点をキッチリと指摘する」という意味です。「その先端をハチミツに浸す」とは、「相手を傷つけたり、怒らせたりせず、相手が受け入れやすい話し方をする」という意味です。

その意味では、**「あなたのおかげで、いつも助かっているんです」と相手を立てながら、「こういう点に注意してもらえると、さらに助かります」という話し方をする**のがいいと思います。

賛同できる点は評価しながら、反対意見を述べるようにする

◆相手の主張ややり方に全面的に反対するような言い方をしない

人の主張ややり方に反対意見を述べなければならない時があります。

そのような時に、反対意見の述べ方が上手い人がいます。

一方で、下手な人もいます。

下手な人は、相手の主張ややり方に対して全面的に反対してしまうのです。

「あなたの主張には、まったく反対です。あなたは完全に間違っています」

「君のやり方で上手くいくはずがない。まったく愚かなやり方だ」

といった具合です。

このように全面的な反対意見を述べられたら、相手は、自分自身の人格まで否定されたように思えて、腹立たしい気持ちにさせられるでしょう。

きっと感情的な対立に発展して、生産的な話し合いができなくなってしまうのではないでしょうか。

反対意見の述べ方が上手い人は、このような全面的に反対するような言い方はしません。

「あなたの意見や、やり方は、この点はすばらしいと思います。ただし、この部分には問題もある、と私は考えます。ここを改善すれば、さらにすばらしいものになると思います」といった反対意見の述べ方をするのです。

つまり、相手の意見ややり方に賛同する部分と、反対する部分とに分けて、賛同する部分を評価しながら、反対意見を述べる、という方法を取るのです。

そうすれば、相手はプライドを傷つけられることなく、こちらの意見にも素直に耳を傾けてくれるのです。

アメリカ初代大統領であるジョージ・ワシントン（18世紀）は、

「他人の言うことすべてに反論してはいけない」と述べました。

やはり、相手のプライドを立ててあげるために、賛同すべきところは評価してから、反対意見を述べることが大切だ、ということです。

「これで一つ賢くなれる」と思って、他人に指摘された間違いを認める

◆「間違いを認められないでいると、自分が愚かになる」と知る

誰かに自分の間違いをズバリと指摘されることがあります。

自分でも、その間違いに気づく場合もあります。

しかし、悔しい思い、恥ずかしい思いから、自分が間違っていたということを認められない人もいます。

「間違いを指摘してくれて、ありがとう。おかげで助かりました」と言えず、むしろ逆に、相手に対して、「おかしな言いがかりをつけるのは、やめてくれ」と突っ張ったことをつい言ってしまうのです。

しかし、このような強がりを見せることは、愚かなことだと思います。

間違いを修正するチャンスを失うことになるからです。

そのために困った状況に追い込まれていくのは、結局は自分自身なのです。

ですから、賢い人は、素直に間違いを認めて、その間違いを修正することができるのです。

イギリスの詩人であるアレキサンダー・ポープ（17～18世紀）は、

「間違っていたと認めるのは、なんら恥ではない。悔しい思いを持つ必要もない。それは言い換えれば、今日は昨日よりも賢くなった、ということなのだから（意訳）**」**

と言いました。

ポープが言う通り、**「これで一つ、自分は賢くなる」**と考えればいいのです。

そうすれば、素直な気持ちで、他人から指摘された間違いを自分自身も認めることができるようになるでしょう。

言い換えれば、そこで強情を張って、いつまでも間違いを認めないでいれば、自分という人間は成長しない、ということになります。

誰であっても、賢い人間になりたいはずです。

もしそうならば、間違いを認められる人間になることが大切です。

リーダーは自分の判断ミスを潔《いさぎよ》く認めてしまうほうがいい

◆「判断ミスを認めることで、チームの団結力が強まる」と知る

リーダーにとって、部下たちの前で自分が判断ミスをしたことを潔《いさぎよ》く認め、その判断ミスを部下たちに謝るということは、そう簡単なことではありません。

リーダーとしてのプライドが邪魔をして、そういうことをできないという人も多いのです。

しかし、リーダーが判断ミスを潔く認め、部下たちに早く謝ってしまったほうが良い場合もあります。

そうすることで、そのリーダーへの部下たちの信頼感が強まり、団結力が強まることもあるからです。

幕末の武士だった勝海舟《かつかいしゅう》（19世紀）に、次のような話があります。

勝海舟が、長崎の海軍伝習所《かいぐんでんしゅうじょ》（戦艦の操縦を訓練する学校）で教官をしていた時のエピソードです。

彼は生徒たちを実習船に乗せて、海に出ました。

しかし、その時、嵐が迫っていました。

しかし、彼は、その嵐を、「たいしたことはない」と判断ミスをして、実習船を沖に出してしまったのです。

しかし、嵐のために大きな波が押し寄せてきて、何度も船が転覆《てんぷく》しそうになりました。

港に戻ろうとしても、高い波が邪魔をして簡単に戻れない状況に追い込まれてしまったのです。

その際、彼は生徒たちに潔く自分の判断ミスを認めて、**「私は教官失格だ。許してほしい」**と謝りました。

そのことが生徒たちの、海舟への信頼を高め、生徒は一致団結して船を操縦して、どうにか港まで帰り着くことができた、というのです。

いい人間関係があれば、言いづらいことも言いやすくなる

◆イザという時のために、いい人間関係を保つことを心がけておく

「仕事は、忙しい人間に頼むのが賢明だ」と、よく言われます。

「忙しい人」とは、「仕事ができる人」だと考えるからでしょう。

仕事ができるから、たくさんの仕事が集まってくると言えます。

いろいろな人から、たくさんの仕事を任されるのです。

ですから、忙しい人に仕事を頼んだほうが、きっちりとした仕事をしてくれます。

出来映《できば》えのいい仕事をしてくれると思います。

しかし、忙しい人に仕事を頼むのは、なかなか言いづらい、という面もあります。

「今でも山のようにたくさんの仕事を抱えているというのに、さらに無理なお願いをするようで申し訳ない」という気持ちがどうしても働きます。

「もし『それでなくても忙しいんだ。あなたの依頼なんて、お断りだ』と、怒ったような言い方で断られたらどうしよう」という心配も生じます。

そんな、申し訳ないという気持ちや、心配に思う感情が働いて、心理的な抵抗感が強まるのです。

結局、このようなケースでは、**普段からそんな「忙しい人」と円満で親密な人間関係を築けているかどうか**が大切なポイントになるように思います。いい人間関係が築けていれば、たとえ「無理なお願い」であっても、言いやすいでしょう。

反対に、いい人間関係が築けていなければ、「無理なお願い」をすることは、いっそう言いづらいものになります。

これは、「お願いする」というばかりでなく、「断る」「間違いを指摘する」「間違いを認める」「謝る」といったケースでも同じです。

普段から相手といい関係が築けていれば、一般的には言いづらいことであっても、言いやすくなるのです。

つまり、**普段から、周りの人たちと良いつきあいを心がけていくことが大切**だということです。

自分自身も一流の人になりたかったら、一流の人と一緒に仕事をするのがいい

◆強い向上心を持って、一流の人に積極的に近づいていく

能力と意欲にあふれ、第一線でバリバリと活躍している人がいます。

一方で、そのような輝かしい人に対して苦手意識を持つ人もいます。

「自分の能力のなさに引け目を感じてしまい、また相手から見下されるのではないかという心配から、バリバリと活躍しているような人に話しかけづらいし、また親しくつきあっていくこともできない」と言うのです。

そして、第一線で活躍している人よりも、むしろ活躍できないでいる人、自分よりも能力のない人とつきあっていこうとします。

アメリカのシリコンバレーは、ＩＴ関連の企業が多く集まっている街として有名ですが、そこには次のような格言があるといいます。

「一流であるAクラスの人は、やはり一流であるAクラスの人と仕事をしたがる。二流であるBクラスの人は、三流であるCクラスの人と仕事をしたがる」というのです。

二流である人が、なぜ三流の人と仕事をしたがるのかといえば、ある種の安心感があるからでしょう。相手から見下されたり、忠告がましいことを言われたり、あるいは自分よりも高い業績を出す心配がないので、安心してつきあっていけるのです。

通常は、それでいいでしょう。

しかし、一流の人と一緒に仕事をすることは、自分自身にさまざまなメリットをもたらしてくれます。

一流の仕事のやり方を学べますから、自分自身が大きく成長できるのです。

ですから、**もしチャンスがあるなら、時に一流の人と一緒に仕事をすることも良いでしょう。自分から一流の人に積極的に接近していって、一緒に仕事をするチャンスを作っていってもいいのです。**

自分の能力のなさに引け目を感じて、また相手から見下されることもあるかもしれませんが、「私も一流の人になりたい」という強い向上心があれば、そのような引け目や心配は乗り越えられると思います。

第3章
気配り・気遣いが上手い人になる

上手な気配りが、成功者になるための足がかりとなる

◆相手が望んでいることを見抜き、機敏に提供する

相手の心を掴《つか》むための有効な方法に、**気配り**があります。

上手な気配りができる人ほど、相手に気に入られる可能性が高まります。

相手に気に入ってもらえれば、今後、その相手を通してさまざまな恩恵や幸運を得られるチャンスも広がっていくのです。

では、上手な気配りとは、どんなものなのでしょうか？

そのコツの一つは、**「相手が今、何を欲しているかを察して、それを機敏に提供する」**ということだと思います。

戦国武将の石田三成《いしだみつなり》（16～17世紀）に次のようなエピソードがあります。三成は子供の頃、ある寺の小姓《こしょう》（雑用係のこと）を勤めていました。しかし、将来は武士になっ

て出世したいという野心を抱いていました。

そんな折、織田信長の家来として、飛ぶ鳥を落とす勢いで出世していた羽柴秀吉（後の豊臣秀吉）が鷹狩《たかが》りの途中、三成がいた寺に立ち寄ったのです。

秀吉は、「喉《のど》が渇《かわ》いたので、お茶を飲みたい」と申し出ました。

その際に、秀吉に茶を出したのが三成でした。

三成は、「秀吉様は、喉の渇きを癒《い》やすためにゴクゴクと一気に飲み干したいだろう」と考え、一杯目のお茶は大きめの茶わんに、ぬるめのお茶をいれて出しました。

そして、次に、「喉の渇きが癒えたら、お茶を味わって飲みたいと思うだろう」と考え、二杯目のお茶が、やや熱めのお茶を少し小さな茶わんにいれて出しました。

そして、三杯目のお茶は、さらにお茶の風味を楽しんでもらうために、熱い茶を小さな茶わんにいれて出しました。

この三成の気配りに秀吉は感心し、秀吉は三成を家来として召《め》し抱《かか》えました。その後、三成は秀吉のもとで出世を果たしていくのです。

三成のように**上手な気配りができることによって、多くのチャンスと幸運を得ることもできる**のです。気配りが成功者になるための足がかりになることもあるのです。

トップの座を目指すなら、まずは気配り上手な人になってみる

◆「気配りの上手さで天下を取った人もいる」と知る

戦国武将の豊臣秀吉（16世紀）は、もとは農民でした。農民から戦国武将となり、その後関白（天皇を補佐して政治を行う役目）にまで出世したのです。

この秀吉も、気配りが上手い人でした。

上手な気配りによって、出世の足がかりを得ることができたのです。

秀吉の父親は、秀吉が十代の頃に亡くなりました。

それを機会に秀吉は家を出て、行商をしながら各地を放浪します。

「侍になって出世したい」という野心を抱いていた秀吉は、最初今川家に仕えますが、その後今川家を出て信長の家来になります。

当初、秀吉（当時は藤吉郎と名乗っていた）は、信長の草履《ぞうり》取りでした。草履取りとは、信長が外出する際に、信長の足下に草履を揃《そろ》えて出す役目のことです。

ある冬の寒い日のことです。

信長が「出かけるぞ」と声をかけると、秀吉が信長の草履を差し出しました。

すると、その草履が温かかったものですから、不審に感じた信長が、

「おまえ、わしの草履を尻に敷いていただろう」と怒りました。

それに対して、秀吉は、

「尻に敷いていたのではございません。こんな寒い日に殿がカゼをひかれてはいけないと思いまして、腹に入れて温めていたのでございます」

秀吉は実際に、自分の腹を出して信長に見せました。そこには草履が腹にくっついていた跡がクッキリと残っていました。

信長は、秀吉の、この主君への気配りの仕方に感心して、以後、秀吉を取り立てていくことになるのです。

まさに秀吉は、気配りの上手さで、農民から天下人にまで出世していったと言ってもいいでしょう。

上手な気配りのコツは、相手が好むものを提供してあげること

◆自分の好みよりも、相手の好みを優先して人とつきあう

人間関係学の著作を数多く書いたデール・カーネギー（19～20世紀）が、次のようなたとえ話をしました。

彼は、夏の休暇には、湖のある観光地へ行って、そこで趣味の魚釣りをすることを例年の習慣にしていました。

魚の好物はミミズです。ですから、魚釣りのエサにはミミズを使います。

一方で、彼の好物はイチゴミルクでした。しかし、だからと言って、魚釣りのエサにイチゴは使いません。イチゴでは、釣れないからです。つまり、**相手が欲するものを与えなければ成果は得られない**、ということです。

これはたとえ話なのですが、この話の内容には、デール・カーネギーが考える「気

配りのコツ」が秘められているのです。

それは、つまり、**「相手が好むものを提供する」**ということです。

また、「自分が好むものを提供しても、相手がそれに関心を示さなければ、その相手を喜ばせることはできない」ということなのです。

これから、会う人へ、手土産《てみやげ》にお菓子でも持って行こうという時には、相手が好むお菓子を持って行くことが大切です。

それが自分の好物のお菓子だとしても、相手の好物でなければ、相手を喜ばせることはできないのです。

相手と雑談をする時には、相手が好む話題を提供してあげるのが、上手な気配りになります。

自分が好む話題ばかりをベラベラとしゃべり続けたら、相手は嫌な気持ちになってしまうでしょう。

プロ野球に興味のない相手に、いくら自分がプロ野球が好きだからといって、そればかり話題にしていたら、相手を飽き飽きした気持ちにさせることになります。

「相手が好むものを提供する」というのが会話の基本なのです。

相手が好んでやっていることを、できる範囲で事前に調べておく

◆相手のことを良く知っておくほうが、上手な気配りができる

次のような話があります。

ある会社経営者の妻は、夫婦同伴《どうはん》のパーティに出席する機会がよくあります。

その際には、夫の仕事の大切な関係者と話をすることになります。

妻は専業主婦で、夫の仕事を手伝っているわけではありませんから、もちろん仕事の話はしません。

いわゆる世間話です。

しかし、相手への気配りは忘れません。

事前に、パーティへ出席する人たちが、どのようなことを好む人たちなのかということについて、できる範囲で情報収集しておくのです。

「あの人は、趣味のゴルフに熱中している」

「彼は、読書が好きで、特にミステリー小説を好んで読む」

といった情報をあらかじめ得ておいて、その相手と雑談する時には、相手が好んでやっていることの話題を持ち出すのです。

相手も妻を同伴してくる場合もあります。

相手の妻が好んでやっていることについても、できるだけ情報収集しておきます。

気配りの基本は、「相手の好むものを提供する」ということです。

そんな気配りができてこそ、相手を喜ばせることができます。

また、相手から好かれることになります。

その意味で、この女性は多くの人たちから慕われ、また気配り上手、社交上手としてよく知られているのです。

相手の好むものを提供するには、相手が何を好むのか知っておかなければなりません。それを調べる努力をすることも、対人力アップのコツの一つです。

「ニコリと笑う」のは、相手がそのことに興味を持っている証しだと知る

◆相手が笑ったら話を続ける、つまらない顔をしたら話題を変える

フランスの小説家であるマルセル・パニョル（19〜20世紀）は、

「どんな話題で笑うかによって、その人がわかる（意訳）**」**と言いました。

人と話をしている時、ある話題について話すと同時に、相手がニコリと笑顔を見せる時があります。

読書の話題を持ち出すと、笑顔を見せる人がいます。

野球の話題を向けると、笑顔を見せる人がいます。

最近ヒットしている映画の話をすると、笑顔を見せる人もいます。

笑顔を見せたり喜んだりするのは、そのことが「好きだ」「興味がある」「自分も熱中している」という意思表示だと考えていいのです。

つまり、パニョルの言葉を借りれば、「その人がわかる」のです。

「なるほど、このことが好きなのだな」ということがわかるのです。

さらには、「この人は、スポーツ好きのアウトドア系の人だ」とか、「文化的な趣味を愛好する人なんだ」という予測もつきます。

ですから、相手がニコリと笑った話題に関わる話をさらに続ければ、相手はさらに喜びます。

つまり、話が弾んで、打ち解けた雰囲気を作り出すことができるのです。

「相手が笑顔を見せたら、その話題を続けていく」ということも、社交的な気配りの一つになるのです。

反対に、横を向いたり、時計を見たりして、相手がつまらなそうな顔をした時は、それはその相手が「そのことについては興味がない」「その分野を好きではない」という意思表示です。その場合には、何か別の話題に話を変えたほうがいいでしょう。

相手が興味がない話を長々としてしまったら、相手を不愉快な気持ちにさせてしまうだけです。

「目配り、気配り、先回り」で相手の心を掴《つか》み取る

◆相手の様子をよく観察することが、上手な気配りの基本になる

落語の世界には、**「目配り、気配り、先回り」**という言葉があるといいます。

落語の世界に入ってきたばかりの、駆け出しの新人に対して言われる言葉です。

新人の仕事は、まずは師匠の身の回りの世話です。

カバン持ちとして師匠にくっついて行き、楽屋でお茶やおしぼりを出したりします。

また、自分の師匠ばかりではなく、楽屋に他の有名な落語家がいれば、その人のお世話もします。

そのように「人の世話をする」というのが、新人に与えられるまず最初の仕事なのです。

その際の、お世話の心得が、「目配り、気配り、先回り」ということなのです。

「目配り」とは、師匠や、師匠と一緒にいる人たちの様子をよく見ておく、ということです。

相手の様子をよく見ておいてこそ、いいタイミングで気配りができます。

師匠がお茶をゴクンゴクンと一気に飲み干すようでしたら、「喉《のど》が渇《かわ》いているのだろう」と察して、「もう一杯、お茶をいかがですか」と勧めることができます。

師匠が吸っているタバコが残り少なくなっているようでしたら、「新しいものを買ってきましょうか」と言うことができます。

師匠から、「ああしてくれ。こうしてくれ」と言われる前に、自分のほうから先手を打って、師匠に申し出ることができるのです。

これが、この言葉にある「先回り」ということです。

つまり、**相手の様子をよく観察する「目配り」を基本にして、相手から言われる前に「先回り」して、「気配り」をすることが大切だ、**ということなのです。

この「目配り、気配り、先回り」は、たとえばビジネスマンが大切な人を接待する時などに参考にもなると思います。

難しい問題を話し合う時ほど、軽い雑談から話を始める

◆いきなり難しい問題を切り出さないようにする

誰かと何か難しい問題を話し合わなければならないという時には、いきなりその「難しい問題」を切り出すよりも、最初は軽い雑談から始めるほうが賢明です。

いきなり難しい問題を切り出すと、相手から、「そんな面倒な話は後にしてほしい。今は聞きたくない」と、そっぽを向かれてしまう可能性があるのです。

今話題になっているような軽い雑談から始めて、相手の関心をこちらに引きつけてから、難しい問題を切り出すほうがいいのです。そのほうが話がスムーズに運んでいきやすいのです。

イソップ物語に次のような話があります。

デモステネスという弁論家は、ある難しい政治問題をテーマにして演説を始めまし

た。すると聴衆たちは、「そんな難しい話は聞きたくない」と騒ぎ始めました。

そこでデモステネスは、「ならば、ちょっと話題を変えて手短かに話そう」と言い、こんな話を始めました。

「二人の若者が、夏の暑い日に、ロバを引く人間を雇って荷物を運ばせた。太陽が激しく照りつけるので、若者はロバの影に入って少しでも太陽を避けて涼もうとした。するとロバを引く人間が、『ロバの影に入って涼む代金はもらっていない』と言った。若者は、『いや、その代金も込みで支払った』と言い返し、二人は言い争いになった」

そこまで話してから、デモステネスは、「話はここまでだ。では私は出ていく」と、その場を立ち去ろうとしました。すると聴衆は、「もっと話を聞かせろ」と騒ぎ始めました。

このイソップの話に出てくる、「夏の暑い日に、うんぬん～」という話は、いわば「雑談」なのです。つまり、**「人というのは難しい話は聞きたがらないが、軽い雑談は聞きたがる」**ということを表しているのです。

したがって、軽い雑談を話して、相手に聞く耳を持たせてから、難しい話を始めるのがいい、ということなのです。これも相手への一つの気配りになります。

「責めない」「触れない」「掘り返さない」が、円満な人間関係のコツになる

◆「他人が嫌がることをしてはいけない」と心得ておく

中国の古典である『菜根譚《さいこんたん》』には、人と円満につきあっていくための気遣いのコツとして、次の三つのことが書かれています。

ちなみに、『菜根譚』とは、中国の明《みん》時代（16世紀頃）に、儒学者だった洪自誠《こうじせい》が書いた書物です。

・人の小さな過ちを責めない
・人の隠し事について触れない
・人の過去の失敗を掘り返さない（意訳）

人は誰でも過ちを犯す時があります。

悪気《わるぎ》はないのですが、仕事でミスをしたり、約束をうっかり忘れていたり、時間を間違えて遅刻してしまったり、といった小さな過ちなどは日常的なことです。

それを、とんでもない過ちをしてしまったように大げさに指摘して、「あなたは取り返しのつかないことをした。私に大きな迷惑をかけた。どうしてくれるんだ」と、相手を激しく責め立てるようなことをしてはいけない、というのです。

小さな過ちであれば、寛容な気持ちで許してあげることが、周りの人たちと穏やかにつきあっていくコツです。

また、人には誰でも、隠しておきたいことがあるものです。

それを、たまたま自分が知っていても、周囲の人たちにバラしてはいけないのです。

また、他人の隠し事について、あれこれ探るようなことはしてはいけないのです。

もう一つには、他人の過去の失敗をいつまでも覚えていて、何かあるたびに、「そう言えば、あなたは昔、あんな失敗をしましたよね。あの時は、私も、あなたのために苦労させられました」といったようなことを言わない、ということです。

この三つのことを守っていくことも、人間関係を円満にする相手への気遣いになります。

人と会う時は、不機嫌な顔をやめて、明るく陽気に振る舞うのがいい

◆不機嫌そうな顔をしたまま、人に会わない

生きていれば、つい不機嫌になってしまうことがたくさんあるでしょう。

仕事が予定通りいかなかったり、情けない失敗をしたり、大切なことを忘れていて恥《はじ》をかいたり、といったことです。

そういったことを経験すれば、気分的に不機嫌になります。

そして、顔の表情も不機嫌なものになります。

しかし、人に会う時には、その時だけは、そんな不機嫌な気分を忘れ去ってしまうことが大切です。

不機嫌な顔をするのはやめて、明るく陽気な表情を作ることが大切です。

これも人づきあいの大事な気配りの一つになります。

こちらの不機嫌そうな顔を見せつけられたら、相手も嫌な気持ちになってしまうでしょう。

自分の問題で、それとは関係のない相手を嫌な気持ちにさせることは、申し訳ないことです。

それは、人間関係のエチケットに反することになります。

ドイツの詩人、小説家、劇作家だったゲーテ（18〜19世紀）は、

「人間の最大の罪は、不機嫌である」と言いました。

自分自身の不機嫌そうな顔や態度で、身近にいる人に嫌な思いをさせることは、「人間の最大の罪」だと言っているのです。

ちょっと大げさな表現かもしれませんが、言い換えれば、人と会って話をしている時は、明るく陽気に振る舞うことが非常に大切なのです。

そうすることで、相手も自分も気持ちが明るく陽気になります。

相手を明るく楽しい気持ちにさせてあげることが、人間関係のもっとも大切な気配りです。

人に恥をかかせるようなまねをしないことは、もっとも大切な気遣いである

◆「人に恥をかかせれば、自分自身が不幸になる」と知っておく

「相手に恥《はじ》をかかせない」

これは、人間関係の大切な気遣いの一つです。

ドイツの哲学者であるニーチェ（19～20世紀）は、

「人間としてもっとも大切なことは、他人に恥ずかしい思いをさせないことである（意訳）**」**と述べました。

とは言いながら、他人に恥ずかしい思いをさせる人がいるのも事実です。

相手の過去の失敗を、大勢の人がいる前で掘り返して話す人がいます。

相手がみんなに隠している秘密を大勢の人がいる前で暴露《ばくろ》してしまう人もいます。

たくさんの人がいる場所で、ある特定の人物の悪口を言っては大笑いする人もいま

す。

立場が上であることをいいことに、たくさんの人がいる場所で、ある特定の人物を顎《あご》で使うようなまねをする人もいます。

そのようなことは道徳的に、人としてやってはいけないことだと思います。

そして、そんな**「人としてやってはいけないこと」を大っぴらにすれば、結局、評判を落とすのは自分自身であることも忘れてはいけない**のです。

誰かに恥をかかせるようなまねをすれば、周りにいる人たちは恥をかかされた人に対して「かわいそうに」と同情します。

そして、恥をかかせた人に対しては、「あの人は、人に対してやさしい気遣いがまったくできない人だ」という悪いイメージを持つことになるのです。

そして、そのような人との交際を避けるようになります。

そのようにして孤立すれば、その人自身が辛い思いをしなければならなくなります。

自分自身のためにも、人に恥をかかせるようなことはしないほうがいいのです。

第4章
対人関係で、打たれ強くなる

人の噂は七十五日、慌てず騒がず無視してしまう

◆「噂などすぐに消えてなくなる」と知っておく

「人の口に戸は立てられぬ」ということわざがあります。これは世間の人たちがする「噂話《うわさ》」について述べられたことわざです。

「戸は立てられぬ」とは、「黙らせることはできない」ということです。

つまり、**「世間の人たちが噂話をするのは、どうにも止めようがない」**という意味を表しているのです。

確かに、人は、誰かの噂話をするのが好きです。

良い噂ならまだいいのですが、悪い噂話も少なくはありません。

自分自身について何か悪い噂を立てられて嫌な思いをした、という経験を持つ人もいると思います。

そこで、ムキになって噂話の内容を打ち消そうとすれば、火に油を注ぐ結果になる場合もあります。その悪い噂がますます周囲に広がっていく場合もあるのです。

まさに「人の口に戸は立てられぬ」という有様なのです。

こういう場合には、もちろん断固として否定しなければならない噂もありますが、それは別として「無視する」という方法もあります。

「噂を立てられるのは、それだけ私が注目されている証しだ」といったように楽天的に考えて、慌てず騒がず無視してしまうのです。

無視するほうが、おかしな噂話が早く消えてしまう場合もあります。

「人の噂は七十五日」ということわざがあります。

「七十五日」というのは一つの目安ですが、つまり、**「人の噂などといったものは、すぐに消えてなくなるものだ。ちょっと時間が経てば、そんな噂があったことなど、多くの人は忘れてしまう」**という意味です。

ですから、よほどのことがない限り、あまり気持ちを乱すことなく、噂が消えてしまうまで無視している、という方法もあるのです。

「周りの人たちから、どう思われているか」ということを必要以上に意識しない

◆「自分の問題」と「他人の問題」を分けて考える

人は、往々にして、「自分の評価」を気にします。

「今回の私の仕事を、上司や周りの人たちはどう評価しているだろう」

「人間関係のエチケットはしっかり守っているつもりだけど、僕は周りの人からどう思われているのだろう」

といったことです。

このようなことを意識するのは必ずしも悪いことではありませんが、しかし、そんな「自分の評価」や「周りの目」を気にしすぎると、平常心が乱れて自分が今やらなければならないことに集中できなくなります。

オーストリアの精神科医であり心理学者だったアルフレッド・アドラー（19〜20世紀）

は、**「『自分の問題』と『他人の問題』を区別する」**と言いました。

たとえば、「自分の仕事にベストを尽くす」というのは「自分の問題」です。

「約束は誠実に守る」「誰に対しても平等に接する」といった人間関係のエチケットを守っていくというのも「自分の問題」です。

しかし、それを周りの人がどう評価するかということは「他人の問題」なのです。

そして、アドラーは、**「必要以上に『他人の問題』にわずらわされないようにすることが大事だ」**と述べました。

それが平穏な気持ちで生きていくコツになります。

このように自分というものと、他人というものを割り切って考えることで、周りの人たちに振り回されるのではなく、自分のやるべきことをしっかり見つめながら生きていける、ということなのです。

アドラーは精神科医として、実際に、「自分への評価」「他人の目」といったものを意識しすぎて、心の健康を崩してしまう人たちを多く見てきたのです。

その結果、このような「自分の問題」と「他人の問題」を割り切って生きていく、という考えを生み出したのです。

自分を誤解する人が多いからこそ、自分を理解してくれる人を大切にする

◆理解してくれる人のもとで、落ち込んだ心を癒《い》やす

自分の考え方や生き方を、心から理解してくれる人たちとの関係を大切にしていくことが、心安らかに生きていくために必要になります。

それは良き家族であり、良き友人であり、また良き恩師でもあると思います。

そのような良き理解者との関係を大切にしていくことです。

というのも、実際の人生においては、自分の考え方や生き方を誤解されたり、非難されたりすることが多いからです。

周りの人たちから誤解や非難を受ければ、本人とすれば落ち込みます。

悩みもします。腹も立ってきます。

そんな時に、心に癒《い》やしと励ましを与えてくれるのが、良き家族であり、良き友人

であり、良き恩師なのです。

そのような良き理解者が、落ち込んだ気持ちを立ち直らせてくれるのです。

「誤解や非難を受けることがあっても、負けずにがんばっていこう」という気持ちにさせてくれるのです。

ドイツの詩人であるクリスティアン・モルゲンシュテルン（19〜20世紀）は、

「生まれた住まいがあるところが故郷なのではない。理解してもらえる人がいるところが故郷なのだ（意訳）**」**

と述べました。

この言葉にある「故郷」とは、「心が癒やされる場所」「落ち込んだ心を立ち直らせてくれる場所」という意味です。

そういう場所は、理解してもらえる人がいるところです。

ですから、**誤解や非難を受けて落ち込んだり悩んだりした時は、自分を本当に理解してくれる人がいるところへ行って心を癒やし、ふたたび元気を取り戻すようにするのがいいのです。**

それが人間関係で打たれ強くなるコツの一つになるのです。

事実でない悪口は、言葉ではなく、行動によって否定する

◆言い訳するよりも、行動によって事実を明らかにする

時に、まったく事実とは反する悪口を言いふらされることがあります。

たとえば、実力で出世したというのに、「あの人はズルいことをして出世した。本当は、あの人には、これっぽっちの実力もない」

といった悪口を言いふらされることがあります。

「あの人は自分のことしか頭にない。自分の利益のために、他人を利用しようとしている。あの人を信用してはいけない」

といった悪口を流されることもあります。

そんな真実ではない悪口を言いふらされた本人とすればショックです。

激しく自己弁護をしたくもなるでしょう。

しかし、このようなケースでは、言葉によって自己弁護をしても効果がない場合が多いようです。

場合によっては、「図星を突かれたものだから、慌てて言い訳している」と、さらなる悪口を言われかねないのです。

したがって、**「真実ではない悪口」を否定するためには、行動によって証明するほうが賢明です。**

「自分はすごい実力を持っている。ズルいことをして出世するような人間ではない」

という事実を、行動によって証明するのです。

「自分はみんなのためにがんばっている。自分のことばかり考えている人間ではない」

という事実を、行動によって明らかにするのです。

そうすれば周りの人たちは納得します。

もう悪口など言わなくなります。

人を信頼することは大切だが、信頼度は80パーセントにとどめておく

◆「やむにやまれぬ事情から、人は人を裏切ることがある」と知っておく

信頼していた相手から裏切られることがあります。

もちろん、裏切られた本人は強いショックを受けるでしょう。

また、100パーセント完全に信頼していた相手から裏切られれば、なおさらショックが大きくなります。

そのために、立ち直れなくなったり、場合によっては生きる意欲を失ったりするかもしれません。

とはいえ、長い人生の中では、「信頼していた相手から裏切られる」ということはゼロではないと思います。

では、その時、立ち直れなくなるくらいひどいショックを受けないためには、どう

すればいいのでしょうか。

プロレスラーだったジャイアント馬場が、参考になる言葉を述べています。

「私は、人を信用するにしても80パーセントにとどめておく。なぜなら、どんな人にも、他人にはわからない20パーセントの事情があるからだ（意訳）**」**。

相手は、必ずしも、悪気があって裏切るのではないのかもしれません。

人知れず、どうしようもない状況に追い込まれて、どうにかそこから脱出したいばっかりに、誰かを裏切ってしまう、ということもあるでしょう。

人には、そういう「他人にはわからない事情」によって、誰かを裏切ってしまうこともあるのです。

ですから、相手を信用してつきあっていくことが基本ですが、**100パーセント信頼しきらないほうがいいのです。**

20パーセントくらいは、「あの人から裏切られることもあるかもしれない」という心の準備を持っておくことが大切です。

そうすれば、もし実際に裏切られることがあっても、それほど動揺しないで済むでしょう。

相性が悪い人たちとつきあっていく経験が、自分自身の人間性を成長させる

◆相性が悪い人たちとつきあって、自制心を身につけていく

ドイツの詩人、小説家、劇作家だったゲーテ（18～19世紀）は、次のように述べました。

「相性が悪い人たちと上手くつきあっていくためには、自制心が必要になる。
しかし、それは悪いことではない。
自制心を身につけることで、その人はいろいろな面が刺激されて、人間的に成長する。
人間的に成長すれば、たとえ誰かとトラブルを起こすことがあっても、動じることがなくなる」というのです。

相性が悪い人たちとつきあっていると、ほんのちょっとしたことで腹が立ったり、イライラさせられることもあります。

そんな相性が悪い人たちと円満に仲良くつきあっていくためにには、腹が立ったり

イライラさせられることがあっても、それをがまんする自制心が必要になってきます。

しかし、そのようにして怒りやいら立ちといった感情をコントロールしていく力を身につけることは、自分自身にとって悪いことではないのです。

むしろ良いことなのです。

感情をコントロールしていく力をつけるということは、人間的に成長することにつながっていくからです。

人間的に成長すれば、今後、人間関係のトラブルに巻き込まれるようなことがあっても、取り乱したり、動揺したりといったことがなくなります。

そういう意味では、**「相性が悪い人たちとつきあっていく」ということは、実は自分にとってメリットになるのです。**

ですから、「相性が悪い人たちとつきあっていく」ということをネガティブに考える必要はありません。

むしろ前向きにとらえるほうが良いのです。

人間関係のトラブルに見舞われても、自分だけは心穏やかでいるよう心がける

◆「心穏やかでいてこそ、問題解決につながる」と知っておく

人間関係では、どのようなことがあろうとも、自分だけは**「穏《おだ》やかな心でいる」**ということが大切です。

相手がカンカンになって怒っていても、自分だけは穏やかな心でいるのです。

他人からバカにされたり悪口を言われて悲しい気持ちになることがあったとしても、動揺しないように自分に言い聞かせて、自分だけは穏やかな心を心がけるのです。

ライバルが自分よりも先に出世したり、幸せをつかんだとしても、嫉妬の感情に狂わず、あくまでも気持ちを落ち着けて、穏やかな心でいるのが賢明なのです。

穏やかな心でいることで、自分自身の生き方を見失わないで済みます。

その結果、人間関係のトラブルを解決するための良い手段が見つかります。

アメリカの牧師であり教育者だったジョセフ・マーフィー（19～20世紀）は、

「穏やかな心が、人間関係の問題を解決する。

自分まで怒りに震え、悲しみに打ちひしがれ、嫉妬に狂ってしまったら、問題をますます混乱させる。

心穏やかに問題を解決することを考えることが大切である（意訳）」

と述べました。

「心穏やかでいる」ということは、人間関係で生じるさまざまな問題を冷静に解決していくために、とても大切なことなのです。

感情的になってしまうことは、自分自身を問題解決から遠ざけてしまう結果になってしまいます。

ですから、**深呼吸をしたり、少しの時間瞑想《めいそう》をしたり、気分転換に散歩をしたりして、感情を静めて穏やかな心でいられるようにする**ことが大切になってきます。

それができる人は、対人関係において「打たれ強い人」と言えます。

ぶつかり合った時は、自分が「柔らかい心」を持って譲るほうがいい

◆「柔らかい心」を持って、人とつきあっていく

書家で詩人の相田みつをは、次のように言いました。

「セトモノとセトモノがぶつかり合うと、すぐに壊れてしまう。
しかし、どちらかが柔らかければ、だいじょうぶだ。
柔らかい心を持つことが大切である（意訳）」

これは人間関係について述べられた言葉です。

「セトモノとセトモノがぶつかり合うと、すぐに壊れてしまう」とは、人と人とが正面からぶつかり合って言い争いをしたり、ケンカをしてしまったら、その人間関係はすぐに壊れてしまうという意味です。

「しかし、どちらかが柔らかければ、だいじょうぶ」というのは、どちらかの人間

が柔軟な気持ちを持ち、相手の意見や考え方を否定するのではなく、受け入れることができれば、人間関係が壊れてしまうことはないということです。

また、どちらかの人間が柔軟な気持ちを持ち、「この件は、あなたに譲《ゆず》りましょう」と譲歩することができれば、人間関係は壊れないのです。

お互いに自分の利益を主張して一歩も譲らないままでいたら、人間関係が壊れてしまうのは目に見えています。

あるいは、どちらかの人間が柔軟な気持ちを持ち、先に「申し訳ない。私が悪かった」と謝ることができれば、人間関係が壊れることはないでしょう。

この場合、「どちらか」というのは、「まずは自分から」と考えてもいいでしょう。

自分が先に柔らかい心を持って相手を受け入れ、相手に謝ることが大切です。

双方で我を張っていては、人間関係は上手くいきません。

円満な人間関係を保っていくためには、まずは自分自身が「柔らかい心を持つ」ということが大切になってきます。

本当の意味での強さとは、人に対して優しくすることである

◆強い人は他人を打ち負かすのではなく、他人に優しくしていく

対人関係において「強さ」とは、決して相手を打ち負かすことではありません。
相手の利益を奪い取ってしまうことでもありません。
「申し訳ない」と、相手に先に謝らせることでもありません。
むしろ、**対人関係において「強さ」とは、相手に優しくしてあげることなのです。**
相手を受け入れ、相手に譲歩《じょうほ》し、自分から先に「申し訳ない」と謝ることなのです。

アメリカの小説家であるレイモンド・チャンドラー（19～20世紀）は、
「タフでなければ生きていけない。
優しくなれなければ、生きている資格がない」

と述べました。

「タフ」には、「強い」「逞《たくま》しい」といった意味があります。

強く逞しい人間でなければ、厳しい世の中を生きてはいけません。

しかし、それは、相手を打ち負かす強さや逞しさではないのです。

チャンドラーは、この言葉で、「本当の意味での、強さ、逞しさとは、人に優しくすることだ」と言っているのです。

結局、人というものは、一人では生きていけません。

多くの人に支えられ、多くの人に助けられて生きていく存在なのです。

ですから、人の支援を得るためには、自分から周りの人たちに優しくしていく必要があるのです。

自分が人に優しくしてこそ、周りの人たちから優しい支援を得られるのです。

その結果、厳しい世の中を強く逞しく生き抜いていけるのです。

人を打ち負かす強さばかり求めていたら、誰も自分を支援してくれなくなります。

人に助けられたいと思ったら、まずこちらから人に優しくすることが大切です。

第5章
強いリーダーではなく、良いリーダーになる

「許す」ということができてこそ、多くの人に慕われるリーダーになっていける

◆「厳しさだけでは、人はついてこない」と知る

仕事の失敗をただ厳しく叱りつけているだけの上司は、良いリーダーにはなれません。

部下は、そのような厳しいだけの上司に、人間的な親しみは感じないものです。

おそらく「あの上司についていこう。あの人のために、がんばろう」という気持ちはわいてこないでしょう。

部下たちから慕われる良いリーダーになるためには、時に、失敗した部下を「許す」という度量の広さを持つことが大切です。

そのような大らかさ、心の広さを持つリーダーが、部下たちに「あの人のためなら～」という思いを起こさせるのです。

イギリスの植民地だったインドを解放する運動を指導し、インドを独立に導いたマハトマ・ガンジー（19〜20世紀）は、

「弱い者は、許すということができない。許すことができる者は、強い者だけだ」

と述べました。

ガンジーは、武力を用いず、非暴力によってインドを独立に導いた人物として有名です。

力に訴えることなく、平和的な手段によって独立に導きました。

多くのインド人のみならず、イギリス側からも信頼を得たのです。

そこにはガンジーの人望の力があったのですが、なぜガンジーがそれだけ多くの人から人望を集めることができたかと言えば、彼には「許す」という精神があったからだと思います。

厳しく人に接するだけでは、強いリーダーシップは発揮できません。

「許す」ということができてこそ、本当の意味での強いリーダーシップを発揮でき、多くの人を引っ張っていくことができるのです。

強いリーダーシップは、「人を許す」ことから生まれていく

◆部下の過失を笑って許せるリーダーになる

戦国武将の豊臣秀吉（16世紀）は度量の広い人間でした。

秀吉は、「人を許す」ということができたのです。

そして、その度量の広さによって、また、多くの人から慕われ、強いリーダーシップを発揮することもできました。

次のようなエピソードがあります。

信長の死後、みずから天下を制した秀吉は関白となりました。

この関白秀吉は、一羽の鶴を飼っていました。

それは見事な毛並みの美しい鶴で、秀吉は大変かわいがっていました。

ところが、ある日、鶴小屋の番人をしていた男が、誤って鶴を逃がしてしまいました。

鶴は遠くへ飛んでいってしまい、いくら探しても見つかりませんでした。

番人は、「秀吉様がかわいがっていた鶴を逃がしてしまったのだから、打ち首になってもしょうがない」と覚悟を決めて、秀吉に事の顛末《てんまつ》を報告しました。

しかし、秀吉は怒りませんでした。

「まあよい。日本国中が、わしの庭のようなものじゃ。どこへ逃げていこうが、わしの庭にいることには違いはない。それに、あれほど美しい鶴なのだから、どこへ行っても大切にかわいがってくれる者が現れるだろう」と言って大声で笑い、その番人を許したのです。

このような大らかさ、心の広さがあったからこそ、秀吉は多くの有能な部下たちに恵まれたと思います。

また、強いリーダーシップを発揮できたと思います。

優しさがあってこそ、強さがあるのです。

心の広さがあってこそ、人望を得られるのです。

許すことができる人間に、多くの人はついていくのです。

命じるだけでは人は動かない、ほめてあげないと人は動かない

◆「良いリーダーは、ほめ上手である」と知っておく

リーダーシップを発揮して人を動かしていくということは、実際には非常に難しいものです。

ただ、「ああしろ。こうしろ」と命じているだけでは、人は強い行動力を発揮してはくれません。厳しくしすぎたり、激しく叱りつけてしまえば、かえって逆効果になる場合もあります。

では、リーダーが人を動かしていくためのコツとは、どのようなことなのでしょうか。

太平洋戦争時代の軍人だった山本五十六《やまもといそろく》（19～20世紀）の言葉が参考になると思いますので、紹介しておきます。

「自分でやってみせて、よく説明してやって、実際に人にやらせてみせ、ほめてやらないと、人は動かない（意訳）**」**というものです。

この言葉で重要なポイントになっているのは、**「ほめる」**ということだと思います。

リーダーにほめられると、部下はやる気が出ます。

もっとほめてもらいたいと、積極的に行動していくようになるのです。

もしも「自分でやってみせて、よく説明してやって、実際にやらせてみる」というところで終わってしまっていたら、相手はそれほどやる気にはならないのではないでしょうか。

やる気が出なければ、積極的な行動力も生まれません。

「上から命じたことはやるが、それ以上のことはやらない」といった程度の行動力しか生み出されないと思います。

最後に**「ほめてやる」からこそ、その相手は「もっとがんばろう。次もがんばろう」という気持ちになる**のです。

そして、その意欲から、積極的な行動力が生み出されていくのです。

直接、間接、文章でなど、いろいろなほめ方を駆使していく

◆状況に応じて、ほめ方を変えていく

精神科医の斎藤茂太《さいとうしげた》は、

「もし、あなたが部下をもつ身なら、100回叱るよりも、1回ほめるほうが部下を大きく育てるものだということを心に刻んでおこう」と述べました。

人の上に立つ者が良いリーダーシップを発揮していく上で大切なのは、「ほめる」ということだ、と言っているのです。

この「ほめる」ということには、いくつかの方法があります。

面と向かって、**本人を直接ほめる**、という方法もあります。

また、直接本人をほめるにしても、一対一の状況でほめるやり方もありますし、また、他の人たちが集まっている中で、その本人をほめる、という方法もあります。

心理学では、**他の人たちが集まっている中でほめるほうが、本人とすればよりうれしく感じられる**、と言われています。

つまり、みんなの前でほめられたことを励《はげ》みにして、「がんばろう」という意欲がより大きくなるのです。

また、**第三者を通して、ほめる**という方法もあります。

これも、相手をやる気にさせる効果の高い方法です。

たとえば、部長が現場で一生懸命になって働いている平社員をほめるという時、直属の上司である課長を通して、「彼は、なかなか見所のある社員だね」とほめます。

課長から、「部長が君のことをほめていたよ」という話を聞けば、本人には非常にうれしく感じられるのです。

また、**文章にして、ほめる**という方法もあります。

メールや文書で連絡事項を伝える際に、「君に期待している」「あなたの将来が楽しみだ」といったほめ言葉をつけ加えていくのです。

このようなさまざまなほめ方を、状況に応じていろいろ使いながら、部下を指導していくのが、良いリーダーになるために一つのコツだと思います。

「くだらない」のは、部下の意見ではなく上司の頭の中である場合もある

◆部下の話の中に「ヒットにつながるヒント」がないか考える

上司が部下の話を聞く時、使ってはいけない言葉があるように思います。

それは、

「くだらない意見だ。バカげている」

「あなたの考え方は間違っている」

「そんなことを言っているから、君はいつまで経ってもダメなんだ」

「そんなことは無理に決まっているじゃないか」

「そんな的外れな意見に、賛同する人間なんていないない」

といった言い方です。

つまり、部下の意見を頭ごなしに否定するような言い方です。

上司からこのような言い方をされたら、部下はそれ以上何も言えなくなってしまいます。

次のような話があります。

あるゲーム機器を開発製造している会社の社長は、社員たちが述べる**提案に対して、決して否定的なことを言わないように心がけている**と言います。

内心では、正直に言えば、「くだらない意見だ」と思うこともあるそうです。

しかし、それは自分自身の考えが時代遅れになっているだけの話であって、社員たちの意見のほうが時代のニーズにマッチしたものである場合もあるからなのです。

したがって、**「くだらない」と思えるような社員の意見の中に、実際には、ヒット商品につながるアイディアが含まれている場合も多い**のです。

つまり「くだらない」のは社員の意見ではなく、上司の頭の中である場合もある、というわけです。

この社長が言うようなことも実際にありますから、やはり、部下の意見を頭ごなしに否定するようなことはしないほうがいいと思います。

部下の話は最後までよく聞いてあげるのが、上司の勤めです。

上司になったら、「私は何も知らない」ということを心がけていく

◆傲慢な態度を捨て、謙虚に部下と接していくのが賢い

古代ギリシャの哲学者であるソクラテスは、

「私が知っていることは一つだけだ。
それは、『私は何も知らない』ということだ」

と述べました。

このソクラテスの考え方は、**「無知《むち》の知」**と呼ばれています。

「無知」とは、「何も知らない」ということです。

つまり、「何も知らない、ということを知っている」ということです。

このソクラテスの言葉は、人の上に立って、たくさんの人を従えていくリーダーという立場にある人にとって、良い心得になるように思います。

リーダーという立場に立つと、人は往々にして、傲慢《ごうまん》な考え方を持ちやすいのです。

「私は部下よりも仕事を知っている。成功の秘訣もよく心得ている」

「私が部下よりも優れた存在だ。部下よりも優秀な人間だ」

という思いにとらわれやすいのです。

しかし、そのために、部下たちの言うことがすべて、くだらないものに思えてきてしまいます。

部下の提案に対して、頭ごなしに否定的なことを言ってしまうようになります。

そのようなことをすれば、その上司から部下の気持ちは離れていきます。

結局は、リーダーシップを失っていくことになるのです。

ですから、ソクラテスのように、「私は何も知らない」ということをいつも自分に言い聞かせていくほうが賢明だと思います。

そうすれば、部下に対してもっと謙虚な気持ちで接していくことができるようになります。

謙虚な上司であるほうが、部下の信頼を得られやすいのです。

愚かな意見を最後まで聞けない上司は、良い意見も聞き逃す

◆愚かな意見であっても最後まで誠実に聞く

戦国武将の徳川家康（16～17世紀）に、次のような話があります。

家康が、家臣を集めてそれぞれに意見を述べさせた時のことです。

その際に、とても愚かなことを発言する家臣がいました。

しかし、だからと言って、家康は、その家臣の話を途中で遮《さえぎ》るようなことをしませんでした。

「おまえは愚かなことばかり言う人間だ」と、その家臣を叱りつけませんでした。

「なるほど、そういう考え方もあるのか」と、感心したふりをしながら、最後まで話を聞いてあげました。

なぜなら、たとえそれが愚かな意見であっても、**誰か一人の言うことを遮ったり、**

叱ったりすれば、他の家臣たちが「自分も叱られるのではないか」と縮こまってしまって、思っていることを言わなくなってしまうからなのです。

他の家臣たちは、それこそ良い案を思いついているかもしれません。そんな良い案まで言わなくなってしまうかもしれないのです。

ですから、家康は、愚かな意見であっても、感心して最後まで聞いてやったのです。そうすれば、他の家臣たちも勇気を得て、自分の思っていることを発言することができます。

家康とすれば、その中から、良い案を採用することができるのです。

上司が部下を集めて会議を開く時などには参考になる話だと思います。愚かな意見を聞くことのできない上司は、皮肉にも、良い意見まで聞き逃してしまうことになる、ということです。

部下たちから良い意見を引き出すためには、愚かな意見にも誠実に耳を傾けることが大切なのです。

「命令する上司」ではなく、「問いかける上司」になる

◆「部下みずからに気づかせる」ように指導していく

「地球は丸い」と発言したことで有名な、イタリアの天文学者であるガリレオ・ガリレイは、

「人にものを教えることはできない。相手が、みずから気づく手助けをできるだけだ」

と述べました。これは、上司が部下にどのように接したらいいかを考える上で参考になる言葉だと思います。

「ものを教えたがる上司」がいます。

このタイプの上司には、部下に対して一方的に命令する人が多いのです。

「おまえは何も知らないのだから、黙って私の言うとおりにしろ」といったように

です。

一方で、「みずから気づく手助けをする上司」もいます。

このタイプの上司は、命令するよりも、まずは部下に問いかけることを優先する人が多いのです。

「今進めている仕事に、何か課題はないか？」

「その課題を解決するためには、どうしたらいいと思う？」

「その他に、もっといい方法はないか？」

といったようにです。

問題がある場合、このように問いかけることで、部下がみずから課題を発見し、そして部下がみずから課題を解決する方法を考えていくことを促すのです。

このように、命令するよりも問いかける上司、部下がみずから気づく手助けをする上司の下にいる部下のほうが、自発的に仕事に取り組むようになります。

したがって、こういう部下のほうが、将来的に大きく成長するのです。

ガリレオも、「一方的に命じるよりも、問いかけることをモットーにして部下とつきあっていくことが大事だ」ということを述べているのです。

部下の過ちを指摘するよりも、みずからの失敗談を話す

◆「失敗談を話すことで、部下から慕われる」と知る

上司として、部下の過ちを指摘しなければならない時があります。

そのようなケースで、「おまえの仕事のやり方は、ここがダメなんだ」と、直接部下の誤りを指摘する方法もあります。

しかし、あまり直接的な言い方をすると、部下は反発心を起こしたり、あるいはふてくされたり、かえって逆効果になる場合もあります。

自分の誤りを反省するどころか、仕事への意欲を失ってしまうのです。

ですから、直接的に部下の誤りを指摘するのは良い方法とは思えません。

こういう場合の賢い方法として、上司が、「みずからの失敗談を聞かせる」という方法があります。

「私も、今の君と同じような状況に立たされたことがある。その時、こんな過ちをした。その結果、仕事に大失敗した。今は、その時のことを反省して、仕事をしている」といった内容のことを話してあげるのです。

もちろん、その時に上司が失敗した「過ち」とは、今部下がしている「過ち」と同じ種類のものなのです。

そうすることによって、部下は、今自分がしている過ちに、みずから気づくことができるのです。

そして、みずからその過ちを反省し、軌道修正を図ることができます。

直接指摘するより「上司がみずからの失敗談を話す」という、この方法を取るほうが、部下の自発性を育てることができます。

また、その部下が「上司も昔は自分と同じような過ちをした」ということに気づくことによって、上司に親近感を抱くようになります。

それは、部下と上司の人間的なつながりを強めることにも役立つのです。

上司が自分の失敗談を話したからと言って、部下から見下されるということはありません。むしろ、親しみの感情を持たれるでしょう。

部下への接し方で、その上司の「偉大さ」がわかる

◆たとえ部下であっても、謙虚な態度で接する

イギリスの評論家であるトーマス・カーライル（18～19世紀）は、**「自分よりも身分の低い人に対する接し方に、その人の偉大さが現れる」**と述べました。

仕事の部下に向かって、威張り散らす上司がいます。

一方的な命令を押しつける上司がいます。

人を人とも思わないような扱い方をする上司がいます。

そのような上司は、カーライルが言う「偉大な人」ではありません。

当然、部下の信頼を得られません。

部下の尊敬や親しみの感情を集めることができません。

従って、イザという時にリーダーシップを発揮することができません。

そんな上司に、部下はついていかないからです。

一方で、たとえ部下であっても、その人のことを尊重する上司もいます。

上司と部下という関係はあるにしても、基本的には、それぞれ独立した人と人であるということを基本にして接するのです。

このような上司こそ、カーライルが言う「偉大な人」なのです。

ですから、そのような「偉大な人」である上司は、部下から親しまれ、また尊敬されます。

大きな信頼も得ることができます。

ですから、難しい状況になった時であっても、部下たちはその上司についていこうとします。

その上司は強いリーダーシップを発揮することもできます。

そういう意味では、**良きリーダーとは、どんな相手にも謙虚に接することができる人なのです。**

人に謙虚に接することができる人が「偉大な人」といえるでしょう。

肩書きや権威ではなく、人間性によって尊敬される人物になる

◆部下が礼儀正しい態度を取るからといって、思い上がらない

一般的に、部下は上司に対して、礼儀正しい態度で接します。ていねいな言葉遣いもします。頭も下げます。

しかし、それは上司が持つ「部長」や「課長」といった肩書きに対して、そのような礼儀正しい態度を取っているにすぎないのかもしれません。

実際には、その上司の人間性に対しては、何一つ尊敬の念など持っていないのかもしれないのです。

それを勘違いして、「私は部下たちから慕われ、また尊敬されている」と思い込んで、威張り散らすようなことをしたら、ますます軽蔑されていくことになります。

イソップ物語に『神様の像を乗せたロバ』という話があります。

ある日、あるロバが、神様の像を背中に乗せて運ぶことになりました。

すると、道で通り過ぎていく人が、次々に深々と頭を下げていきます。

「私は、こんなに偉い存在だったのか」と勘違いしたロバは、思い上がって、神様の像を捨て去って走っていこうとしました。

すると、ロバの主人がそれを押し留めて、「通りすがりの人は、おまえに頭を下げているわけではない。おまえが背負う神様の像に頭を下げているのだ。自分自身が神様になったつもりになって思い上がるな」と叱りました。

この話に出てくる「神様の像」とは、人間が持つ「肩書き」とか「権威」といったものを象徴しています。

つまり、たとえ管理職になっても、その人自身を尊敬しているわけではなく、その人が持つ「肩書き」とか「権威」に頭を下げている人たちも多いということです。

上司になったからといって、それを勘違いして「自分は人間的に尊敬されているのだ」と思い上がるようなことをしてはいけないのです。

肩書きや権威ではなく、人間性を高めて、それで人から尊敬を集める人間になることが大切です。

第6章
苦手な相手とも上手くつきあう

相手の「いいところ」に着目すると、苦手な相手とも上手くつきあえる

◆相手のいいところを見つけ出す努力をする

映画評論家だった淀川長治《よどがわながはる》（20世紀）は、

「私はいまだかつて嫌いな人に会ったことがない」と言いました。

彼は、映画評論家として、多くの日本の映画俳優はもちろん、数多くの海外の映画スターたちにも会ってインタビューなどして親交を深めました。

もちろん彼も人間ですから、相性が良い相手もいれば、相性が悪い相手もいたのです。

しかし、彼は、相性が悪い相手であっても、嫌いになることはありませんでした。

相性が悪い相手であっても、好きになったのです。

普通であれば、相性が悪い相手に対しては、ネガティブな感情を持つと思います。

嫌いになったり、反感を抱いてしまうでしょう。

しかし、彼は、相性が悪い相手であっても、好感を持ってつきあっていくことができたのです。

なぜ彼は、そのようなことができたのでしょうか。

彼は、人に会う時、相手の「いいところ」に着目することを心がけていました。

それが、彼の、「どんな相手でも好きになる」ためのコツだったのです。

相性が悪い相手であっても、必ず、いいところを持っています。

それを発見して、**「この人には、こんないい面がある。すばらしいことだ」と感心しながら相手と話をしていると、その相手をだんだん好きになっていく**というのです。

ですから、第一印象で、「この人とは相性が悪そうだ」と思える相手であっても、相手のいいところを発見すれば、うちとけてつきあっていくことができます。

結果的に、相性が悪そうに思えた相手と、だんだん相性が良くなっていくのです。

この淀川長治の交際術は、人と上手くつきあっていく大切な心得になると思います。

相手に欠点があることなど忘れ去ってつきあっていくのがいい

◆相手の欠点に、意識のピントを合わせない

人には誰でも、欠点があり、長所があります。

上手な対人関係のコツの一つに、相手の欠点を意識しない、というものがあります。

「あの人は、どうしていつもグズグズしているんだろう」

「なんて優柔不断な人なんだろう」

「神経質なところが、あの人の欠点だ」

といった欠点が相手にあったとしても、それを意識しないように心がけることが、上手な人づきあいの一つのコツになります。

というのも、いったん相手の欠点に意識が向いてしまうと、その人の長所が見えなくなってしまうからです。

精神科医の斎藤茂太《さいとうしげた》（20〜21世紀）は、

「他人の欠点に対して意識のピントが合ってしまうと、他の部分は無視するようになってしまう。他人に対して多角度から焦点を合わせて、できるだけ幅広くその人の人柄を見渡すことによって、その人の長所が見えてくる（意訳）**」**と言いました。

「あの人には、こんな欠点がある」ということに意識のピントが合ってしまうと、その欠点のことだけしか見えなくなってしまいます。

つまり、もっと広い視点で、その人を見ることができなくなってしまうのです。

広い視点で相手を見れば、長所もたくさん見つかるというのに、それができなくなるのです。

ですから、たとえ相手に欠点があることに気づいても、それを必要以上に強く意識しないことが大切です。

できるだけ相手の欠点のことなど忘れてしまうほうがいいのです。

そうすれば、どのような相手であっても円満に、また公平につきあっていくことができます。

自分の美点を探している人の目に、相手は好感を抱くようになる

◆自分の目を美しく輝かせるために、相手の美点を探す

映画女優だったオードリー・ヘップバーンは、

「美しい目であるためには、相手の美点を探すことが大切だ」

と述べました。

「この人には、どんないいものがあるのだろう。どのような長所を持っているのだろうか」という、ポジティブな好奇心を持ちながら人とつきあっていくと、自分自身の目が美しくキラキラと輝き始めます。

そして、相手からも、「この人の目は、なんて純粋で美しい」と感じられるようになります。

相手の長所が見つかれば、その相手に好意を持つことができます。

一方で、相手からも、こちらの目の輝きに好感を持ってくれます。

そして、お互いに、相手にいいイメージを持ちながらつきあっていけるようになるのです。

そういう意味のことを、オードリー・ヘップバーンは、この言葉で述べていると思います。

つまり、この言葉は、人と仲良くつきあっていくためのコツを教えてくれているのです。

もし、相手の欠点ばかり見つけていこうとすれば、自分自身の目は醜《みにく》くなっていくでしょう。

また、意地悪い印象を与える目になってしまうと思います。

そんな目をしている人を、相手は好きになってくれるはずがないのです。

相手は、こちらを毛嫌いするようになるに決まっています。

そして、自分も、相手の欠点を見つけて、その相手を軽蔑し嫌いになっていくのです。

こんな人間関係が上手くいくはずはないのです。

自分にも欠点があると気づくことで、他人に対して謙虚になれる

◆相手の欠点よりも先に、自分自身の欠点について気づく

古代ローマの思想家であり政治家でもあったセネカ（紀元前1世紀）は、

「人は目の中に他人の欠点を持ち、背中に自分の欠点を持つ」と述べました。

「人は目の中に他人の欠点を持つ」とは、**「人は得てして、他人の欠点ばかりに目をやってしまう」**という意味を表しています。

相手にたくさんの長所があったとしても、それに気づくことなく、相手の欠点ばかりを見てしまいがちだ、ということです。

「背中に自分の欠点を持つ」とは、「実は自分自身にも欠点があるのだが、それを背中に隠してしまって、みずから見ようとはしないものだ」という意味です。

人は、得てして、他人の欠点には敏感《びんかん》です。

しかし、自分自身にも欠点があるということには気づきません。

言い換えると、他人の欠点をあれこれ非難するよりも先に、まずは自分自身にも欠点があるということに気づくことが大切なのです。

「私にも、たくさんの欠点がある」ということに気づいている人は、他人に対して謙虚な気持ちになれます。

他人に欠点があったとしても、それを許すことができるようになります。

「私にも欠点があるのだから、お互い様だ」と、寛容《かんよう》な気持ちでその人とつきあっていけるのです。

ですから、人と上手くつきあっていくという意味でも、自分にも欠点があるということに気づいておくことが大切になってきます。

他人の欠点ばかりに目がいってしまうという人は、恐らく、自分にも欠点があることに気づいていないのでしょう。

そのようなタイプの人は、人づきあいも下手なのです。

相手と自分との共通点を見つけ出していく

◆相手との相違点ではなく、共通点を見つけてつきあっていく

たとえ苦手な相手であっても、どのような相手であっても仲良くつきあっていくコツがあります。

それは、「相手との共通点を話題にする」ということです。

心理学の実験に次のようなものがありました。

二人の人間に会話をしてもらいました。

一方の人は被験者で、もう一方の人は実験者側の人間です。

ある一組では、実験者側の人間には、被験者と、趣味や興味があること、出身地、家族関係、学歴、あるいは日頃の悩み事などについて、「私とあなたとは、こんなに共通点が多い」ということを強調しながら会話を進めてもらいました。

一方で、別の一組では、むしろ反対に、「私とあなたとは、共通点があまりない」ということを強調して会話を進めてもらいました。

その結果、共通点を強調しながら会話した組のほうが、被験者は実験者側の人間により大きな好感を抱くことがわかりました。

つまり、**自分との共通点が多い相手に、人は好意を持つ**、ということです。

これを心理学では、**「類似性の法則」**と呼びます。

特に、「ちょっと苦手なタイプの人」とつきあっていく場合には、この「類似性の法則」を活用することが一つの方策になると思います。

人は、苦手なタイプの人に対しては、つい、「私とあの人とは、趣味も考え方もこんなに違う」という相違点ばかり意識してしまいがちです。

しかし、相違点を意識していると、苦手なタイプの人との人間関係がいっそうギクシャクしていくばかりなのです。

苦手なタイプの人であっても、共通点はあると思います。

共通点を見つけ出し、それを話題にして話すことで、誰とでもある程度仲の良い関係を築いていくことができます。

初対面の相手と、スムーズにコミュニケーションを発展させていくコツとは

◆自分が話すよりも、相手の話を聞くことを意識する

初対面の人と会う時、

「緊張からガチガチになって、上手く話ができなくなる」

「相手がどんな人かわからないから、どんな話をしたらいいのか戸惑う」

「こちらの意向をしっかり相手に伝えなければならないが、どういうタイミングで切り出せばいいかわからない」

といった気持ちになるという人がいます。

このように弱気な気持ちになってしまう原因の一つは、「上手く話さなければならない」「しっかり伝えなければならない」という気持ちが強すぎることにあるように思います。

初対面の相手とスムーズなコミュニケーションを進めていくためには、自分のほうから話す、伝えるという意識にとらわれすぎないことが大切です。

むしろ、**まずは相手の話をよく聞くというスタンスに立つほうがいい**のです。

そのほうが余計な緊張や戸惑いを感じなくて済みます。

人間関係学の大家であるデール・カーネギー（19～20世紀）は、**「人の話をよく聞くことにより、人生の80%は成功する」**と述べました。

自分のほうから話すことにこだわるよりも、人の話をよく聞くというスタンスに立って人とつきあっていくことで、人間関係がスムーズにいきます。

良い人間関係に恵まれていれば、それだけ幸せな人生を送っていけます。

さらに自分の人生を成功に導くチャンスにも恵まれるのです。

そのような意味のことを、カーネギーは言っているのです。

初対面の相手であっても、「相手の話をよく聞く」ということを意識することで、相手とのコミュニケーションがスムーズに運びます。

その相手と、今後も良い関係を保っていけます。

相性の悪い相手であっても、「和顔愛語《わげんあいご》」を心がけてつきあっていく

◆「相性が悪い」という思いを態度に表さない

人と人との関係には、「相性が良い、悪い」ということがあります。

「あの人とは相性が良い」と思う相手とは、好意的に気持ち良くつきあっていけます。

しかし、「あの人と私とは、どうも相性が悪い」と感じている相手には、ネガティブな思いがどうしても態度に出やすくなります。

つっけんどんな態度を取ったり、上から目線で相手を見下してしまったり、相手を毛嫌いするような態度を取ってしまうのです。

学生の頃は、まだ、それでも問題はあまりないかもしれません。

しかし、社会人にとっては、相性が悪い相手にそのような態度を取ることは自分自身に大きな不利益をもたらすことにもなりかねません。

と言うのも、上司や取引先の担当者が、「相性が悪い相手」であるかもしれないからです。

相手を毛嫌いするような態度を取って、上司や取引先に不快感を与えてしまうことは、自分の仕事に余計なトラブルをもたらすことにもなりかねないのです。

ですから、たとえ相性の悪い相手であっても、円満につきあっていくのが、社会人としての大切な心得になります。

仏教に**「和顔愛語《わげんあいご》」**という言葉があります。

「和顔」とは、**「穏《おだ》やかで、親しみのある表情」**を意味します。

「愛語」とは、**「愛情のこもった、優しさのある言葉」**の意味です。

これは、**「穏やかな表情で人に接し、愛情のこもった言葉で相手に語りかけるのが、円満な人間関係のコツだ」**という仏教の教えを表す言葉です。

この「和顔愛語」は、社会人の人づきあいの心得としても参考になる言葉だと思います。相性が悪い相手であっても、「和顔愛語」を心がけることで上手くいくことがあります。

相性の悪い相手であっても、交わした約束はしっかり守っていく

◆一つ一つの約束を守っていくことで、信頼できる関係になっていく

相性が悪い相手であっても、苦手な相手であっても、人間関係の基本的なルールはしっかりと守っていくことが大切です。

まず第一に挙げられるルールは、

「約束したことは、しっかり守る」ということです。

人は、往々にして、相性が悪い相手と交わした約束を軽く考えてしまいがちです。

「あの人との約束は、まあ、守らなくてもいいや」と、いいかげんな気持ちで考えてしまうのです。

しかし、いいかげんな気持ちから、約束を破るようなことをすれば、その人との関係がますます悪化していくばかりでしょう。

アラブのことわざに、

「約束を実行することは、大地に降る雨になる（意訳）**」**というものがあります。

アラブは、砂漠地帯です。

降雨量がとても少ないのです。

ですから、雨は、とても貴重です。

わずかな雨で、アラブの人々は、喉の渇《かわ》きを潤《うるお》し、また農作物を育てます。

「人と交わした約束を実行することは、人間関係にとって、そんな雨のように貴重なことだ」ということを、このことわざは意味しているのです。

約束をしっかり実行すると、相手との人間関係は潤いのあるものとなり、大きく育っていく、ということです。

たとえ相性の悪い相手であっても、一つ一つの約束をしっかり守っていくことで、だんだんとその相手との関係が良いものになっていくのです。

そして、人間関係が育っていくのです。

だんだんと、相性の悪い相手であっても、強い信頼関係で結ばれていくのです。

「礼」を守り実践していくことで、世の中全体の平穏な秩序が保たれる

◆礼儀を大切にして、円満な人間関係を形成する

古代中国の思想家である孔子（紀元前6～5世紀）の中心的な思想の一つに「礼《れい》」があります。

この「礼」という言葉は、「礼儀作法」といった言葉で現代でも一般的に使われています。

孔子の言う「礼」とは、わかりやすく言えば、**「他人を尊重し、愛情を持って他人に接すること」**を意味します。

また、「礼」という言葉には、**「約束をしっかり守る」「ていねいな言葉遣いで話しかける」「相手を不愉快にさせるような行動はしない」**といった人間関係のルールやエチケットを守っていく、という意味もあります。

「相性が悪い相手であっても、また自分に敵対するような相手であっても、誰に対してもこの『礼』を実践していくことが大切だ」と孔子は考えました。

「礼」を実践することで、周りの人たちとの人間関係が円満なものになります。

人間関係が円満なものになることが基本となって、たとえば家族、地域社会、あるいは国家といったものの秩序も守られていきます。

つまり、世の中全体が平穏なものになっていくのです。

ですから、孔子は「礼」、つまり**身近な人たちとの関係を大切にしていくことが、世の中のすべての基本である**と考えたのです。

この孔子の「礼」という思想は、もちろん、現代人が生きていく上でも参考になると思います。

自分たちの身の周りには、さまざまな人がいます。苦手な人、腹が立つ人、つきあいづらい人もいるかもしれません。

しかし、そのような相手であっても、「礼」を守り実践していくことで、家族や友人同士や、会社などの組織の人間関係において、平穏で一体感ある秩序が保たれていく、ということなのです。

愛する人ばかりとつきあっていけないのが、人生の現実だと知っておく

◆つきあいたくない相手とも円満につきあっていく工夫をする

次のような話があります。

あるキリスト教の神父が、老婦人から、「死んで天国へ行ったら、両親や死別した夫など、愛する人たちと再会できるのは本当ですか」と尋ねられました。

神父が「本当ですよ」と答えると、老婦人はとてもうれしそうな顔をしました。

ただし、神父は、つけ加えて、「**あなたが再会するのは、愛する人たちだけではありません。あなたが嫌っていた人や、あなたを苦しめた人とも再会することになります**」と言いました。

この話は、人間である限り、どこへ行っても（たとえ天国へ行こうとも）、人間関係の愛憎からは離れられない、ということを意味しています。

人にとって、愛する人たちだけとつきあっていくことができれば、これほど幸せなことはないと思います。

しかし、現実には、愛する人たちだけとつきあっていくのは不可能です。

自分たちの周りには、相性が合わない人、気に入らない人、イヤミな人、あるいは、訳もなく自分を嫌ってくる人、冷たい態度を取る人など、さまざまな人たちがいます。

時には、誰かと激しく憎しみ合うことになる場合もあるかもしれません。

そのような、できればつきあいたくない人たちとも、つきあっていかなければならないのが人生なのです。

もしそうならば、**ある意味開き直って、気に入らない人や、冷たい態度を取る人とも上手くつきあっていくことを考えるほうが賢明です。**

つきあいたくないような相手であっても、相手との距離感の取り方を工夫したり、感情を出さず事務的に接したりすることで、それなりに円満な人間関係を築いていくことは可能です。

そういう意味のことを、この神父は述べたかったのではないでしょうか。

第7章
怒らないで済む方法を考える

「失敗した本人がもっとも辛い思いをしている」ということを理解する

◆怒るよりも、相手の心境を理解する努力をする

仕事で失敗した相手に、強い怒りや不満の感情を表す人がいます。

「何やっているんだ。どうしていつも私に迷惑をかけるんだ。私は怒っているんだぞ」といった具合です。

しかし、このような怒りの感情をあらわにするのは、相手を深く反省させる上で得策ではありません。

相手は、きっと、精神的に落ち込んでやる気をなくすだけでしょう。

そうなれば、今後、同じような失敗を二度三度と繰り返すことになります。

仏教に「**悲観**《ひかん》」という言葉があります。

この言葉は一般によく使われています。

一般的には、「自分の思い通りにならず、今後のことに悪いイメージを抱く」といった意味があります。

したがって、「自分の将来を悲観的に考える」といった言い方をします。

しかし、仏教で言う「悲観」には、まったく違った意味があります。

仏教では、これは、**「相手の心にある悲しみ、苦しさ、辛さを観る。つまり、理解してあげる」**という意味なのです。

同僚や部下が仕事で失敗すれば、自分も迷惑を被《こうむ》るのは事実でしょう。

しかし、仕事で失敗した本人も悲しく、辛く、苦しい思いをしているのです。

そんな心境でいる相手に対して、強い怒りの感情をぶつけるようなことをしたら、相手は一層落ち込んでしまうことになります。

その結果、やる気をなくしてしまっても仕方ないのです。

ですから、**「相手も辛い気持ちでいる」ということを理解した上で、「では、どうすれば今後、同じような失敗をしないで済むか。この失敗から学べる教訓はないか」ということを、優しくアドバイスしてあげる**ほうが得策なのです。

これが仏教の「悲観」という、人との接し方についての考えなのです。

「誰がそう言っているか」は大切ではなく、大切なのは「相手の話の内容だ」と知る

◆相手が話していることを冷静に理性的に聞く

人は感情の生き物です。

日頃自分が尊敬している人から、何かアドバイスを受けた時は、素直に「いいことを教えてもらいました。ありがとうございます」と感謝することもできます。

しかし、一方で、「あの人は、取るに足らない人間だ」と見下しているような相手から、同じ内容のアドバイスを受けたとしても、素直に相手の言葉を受け取ることができないでしょう。

怒りの感情がわいてきて、「何もわかっていないくせに、偉そうなことを言うな」と反発してしまいがちです。

しかし、「取るに足らない人間だ」と見下している相手が、自分のためにとてもい

いことを言ってくれることも実際にはたくさんあるのです。

それにも関わらず、つい感情的になって、「偉そうなことを言うな」と、相手の言葉をはねのけてしまうのは、結局は、自分自身が損をすることになります。

ドイツの思想家であるトマス・ア・ケンピス（14～15世紀）は、**「誰がそう言ったかを問わないで、言われていることは何かについて関心を払うことが大事だ」と言いました。**

人の話を聞く時には、その相手への感情的な思いを捨てることが大事だ、ということです。

感情的な思いは、相手の話している内容を曇《くも》らせてしまうことになりかねないからです。

ですから、感情的な思いを捨て、冷静に相手の話している内容を理解するように心がけることが大切なのです。

このような**理性的な意識を持って生きていく人は、人づきあいの中で自分という人間を大きく成長させていくことができます。**

感情的になって人とつきあっていく人には、そのような成長は望めません。

話し合いの「本来の目的」を見失わないように注意する

◆「論争相手をやっつける」だけの話し合いはしない

人がする「話し合い」には、何か目的があるはずです。

たとえば、会社の会議では、「どうすれば職場を、より働きやすい環境にできるか」だとか、「売り上げをさらに上げるには、どうすればいいか」といった問題に関して、何か良い方策を見つけ出すために、職場の社員たちで話し合うのです。

しかし、そんな本来の目的を見失って、単なる「言い争い」になってしまう場合もあるようです。

参加者たちの意識が、何か良い方策を見つけ出すために話し合うのではなく、そこにいる相手を論争してやっつけることだけに向いてしまう場合です。

これでは、いくら話し合っても「良い方策」は見つかりません。

お互いに怒りの感情にとらわれて、職場のまとまりにヒビが入るだけで終わってしまうのです。

そうならないためには、「良い方策を見つけ出す」という本来の目的を見失わないように、そこにいる全員が強く意識することが大切です。

その場に居合わせる人たちの意識が、「論争して相手をやっつける」ということに向かってしまうと、収集がつかない言い争いになり、お互いに嫌な気持ちが残るだけで、何も得るものはありません。

西欧の格言に、**「論争に勝つとは、論争をしないことである」**というものがあります。

「論争をしない」とは、言い換えれば、「言い争いをしない」ということだと思います。

「相手をやっつけるだけを目的にした論争をしない」ということです。

あくまでも**「良い方策を見つけ出すという本来の目的を見失わずに、お互いに冷静に、また協力していく意識を持って話し合っていく」**ということです。

そうすれば、より生産的な話し合いができます。

お互いに納得でき、協調性をより強めていけます。

「目隠しをして、ゾウを想像する」ような言い争いをしてはいけない

◆話し合いの「本来の議題」を見失わないようにする

仏教説話に次のようなものがあります。

仏教の創始者であるブッダ（紀元前5世紀頃）が生存していた時代の話です。

ブッダの弟子たちが論争を始めました。

「悟りとは何か」ということを議題にして話し合っていたのですが、論争がだんだん熱を帯びてきて、参加者たちの意識は単に「論争の相手を打ち負かす」ということだけに向いてしまいました。

そして、各自とも激しい怒りの感情にとらわれて、「あなたの言うことが間違っている。あなたほど愚かな人間はいない」「いや、愚かなのは、あなたのほうだ。あなたほどバカげたことを言う人はいない」などと激しい言い争いになってしまったので

す。

そこへブッダがやって来ました。

ブッダは、言い争っている弟子たちに、

「あなたたちは、本来のものを見る目を持っていない」と言い、次のようなたとえ話をしました。

「動物のゾウをまったく知らない者たちが、目隠しをされた状態でゾウの体に触《さわ》る。頭に触った者は『ゾウは石のようなものだ』と言い、足に触った者は『ゾウは柱のようなものだ』と言い張り、シッポに触った者は『ゾウは綱《つな》のようなものだ』と主張する。そのような言い争いをしていると、本来のものを見ることができない」と。

ブッダは、「目を開けて、ゾウの姿、つまり本来のものを見なさい」と教えたのです。

「本来のもの」とは、「悟りとは何か」「悟りを得るための正しい生き方とは、どのようなものか」という、本来の議題です。

この話は、人と人との話し合いにおいて**「本来の議題」を見失うと、往々にして、論争相手を打ち負かすことだけの言い争いになりやすい、**ということを物語っているのです。

身近な人についカッとなりそうになった時は、とにかくその場から離れてみる

◆頭にくる相手の顔が見えない場所へ行く

身近にいる人にカッとなって、つい怒りの感情をぶつけてしまう人がいます。

人が怒るのには、もちろん原因があります。

その原因は正当なものでもあるのでしょう。

しかし、怒るためにもたらされるさまざまな問題は、自分自身にとって決して良い影響はもたらしません。

まず、周りの人たちとの人間関係がギクシャクし始めます。

そのためにイライラした気持ちがいっそう強まっていって、仕事など大切なことに集中できなくなります。

怒りの感情が長引くと、普段は楽しめていたことを楽しめなくなり、食事もおいし

くなくなり、夜は熟睡できなくなくなります。

そのために、精神面ばかりでなく、健康面にも悪い影響をもたらすのです。

ですから、**「対人関係では怒らない」**ということをモットーにしていくことが賢明なのです。

しかし、「怒らない」と決めても、それを実践するのはなかなか難しいものです。

しかし、現在、精神医学や心理学で**「アンガー・コントロール」**と呼ばれる分野の研究が進み、**「怒らないための方法」**があることがわかってきています。

それを、いくつか紹介していきたいと思います。

まず、もっとも手っ取り早く簡単にできる方法として、**「その場を離れる」**というものがあります。

身近にいる誰かについカッとなりそうになった時には、とにかく、その場から離れてみるのです。

外へ出て空を眺めるのもいいでしょう。

散歩するのもいいでしょう。

そうすることによって、冷静さを取り戻すことができます。

深呼吸しながら頭を空っぽにすることで、自然に怒りが消えていく

◆怒りの感情に意識をとらわれないようにする

森田療法の創始者として知られる精神科医の森田正馬《もりたしょうま》（19～20世紀）は、「**怒りといった人の感情は、自然に任せて放置しておけば、山なりの曲線を描くようにして、最初は高まり、そして低まり、やがて消滅してしまう**（意訳）」と述べています。

誰かにカッと怒りを感じることがあっても、当初その感情は高まりますが、それは一瞬であって、やがて怒りの感情は低下して消滅していく、ということです。

ポイントは、その怒りの感情を、「**自然に任せて放置する**」ことができるかどうかにかかっています。

言い換えれば、**怒りの感情に意識をとらわれないことが大事だ**、ということです。

当初に怒りの感情が高まった時に、怒りの感情に意識をとらわれて、大声を上げて

しまったり、相手を怒鳴りつけるようなことをしたら、人と争いになり、怒りの感情はその後「山なりの曲線を描いて低下し消滅していく」ということにはなりません。

怒りの感情は、さらにいっそう高まっていって、その後ずっと後を引いて心から離れなくなってしまうのです。

ですから、カッときた時には、すぐにその怒りの感情から意識を離し、自然に任せて放置してしまうことが大切になってきます。

その具体的な方法としては、「その場から離れる」ということの他に、**「深呼吸をする」**という方法もあります。

深呼吸には、気持ちを落ち着かせる効果があります。

そして、深呼吸を何度か繰り返しながら、「一、二、三」と数を数えたり、音楽を聴いたりするのです。

その間、頭にくる相手のことを考えないようにするのです。

そうすると、自然に、一瞬高まった怒りの感情が低下していき、やがて消えてなくなっていくのです。

自分と他人を比較しないことで、怒りの感情が小さくなっていく

◆「自分は自分、人は人」と、割り切って生きていく

アンガー・コントロールでは、怒らない方法の一つとして、**「自分と他人を比較しない」**ということが挙げられています。

「私がこんなに一生懸命になってがんばっているのに、あの人は能天気に怠けてばかりいる」

「私は彼のためにあれほど尽くしたのに、あの人は私のために何もしてくれようとしない」

「あの人は私よりも能力がないくせに、この私に向かって偉そうなことばかり言ってくる」

このように、自分と他人とを比較することによって、とかく、「あの人には、頭にくる」

「その人を許せない」といった怒りの感情がわき出してきてしまうことも多いのです。

もちろん、人間は、自分と誰かと比較していろいろと考えることもあります。

比較すれば、怒りの感情のみならず、嫉妬《しっと》や羨《うらや》ましい感情がいろいろとわき出してくることでしょう。

しかし、そのような感情に、あまり意識をとらわれないほうが賢明です。

怒りや嫉妬という感情に振り回されていると、自分自身が何か、とても損《そん》をしているように、不幸な境遇にいるように思われてきてしまうからです。

ですから、心のどこかで、**「自分は自分、他人は他人だ」**と割り切って生きていくほうがいいのです。

身近に怠けてばかりいる人がいて、「どうして、あの人の分まで、私ががんばらないといけないのか」と怒りを感じることがあっても、

「あの人はあの人、私は自分のすべきことに集中していくだけだ」と開き直り、その相手とは距離を置いて物事を考えていくほうが得策です。

他人と比較しなければ、対人関係で、怒りの感情にとらわれなくて済みます。

他人に多くのことを期待しすぎるから、失望して腹が立ってくる

◆期待の80パーセント程度のことをしてくれたら、満足する

「他人に、あまりたくさんのことを期待しない」ということも、対人関係で怒らないための方法の一つになります。

欧米のことわざに、

「人に期待しないものは幸せである。失望することがないから」

というものがあります。

「あの人なら、ここまではやってくれるだろう」と、誰かに期待します。

そして、相手が期待通りのことをしてくれることを前提にして、自分自身の計画を立てます。

しかし、実際には、他人が自分の期待していた通りのことをしてくれることはない

かもしれません。

そうなれば、自分自身の立てていた計画も狂ってしまいます。

その相手に対して怒りを感じ、「何をやってるんだ」と怒鳴りつけたくなってきます。

しかし、その相手にしても、その人なりに一生懸命にがんばったと思います。

それを、「何をやってるんだ」と怒鳴られたら、その相手も頭にきます。

その結果、お互いに感情的になってケンカをすることになるのです。

このような無益なケンカをせずに済む方法は、最初から、他人にあまり多くのことを期待しないでおくことが大切です。

こちらが期待している80パーセント程度のことを相手がしてくれることを前提にして、こちらも今後の計画を立てておくのがいいと思います。

また、もし相手が期待の80パーセント程度のことをしてくれた時は、それで満足し、相手に**「おかげ様です。ありがとう」**という感謝の言葉をかけてあげるように心がけることも大切です。

それが人間関係を良くしていくことになります。

怒りにとらわれた時こそ、穏やかな口調で相手に感謝する言葉を述べてみる

◆怒鳴らず、非難せず、むしろ感謝して、ほめてみる

言葉が持つ力によって、怒りの感情をコントロールする、という方法があります。

人が口にする言葉というものは、その人の精神面に強い影響力があります。

怒りの感情にとらわれた時、人は往々にして、「何やってんだ」「どうしてくれるんだ」「だから、あなたはダメなんだ」といった荒々しい言葉を口にしてしまいがちです。

しかし、それは、火に油を注ぐ結果になりやすいのです。

そのような荒々しい言葉はその人の心をいっそう荒々しいものにして、怒りの感情を何倍にも大きくしてしまうのです。

ですから、**怒りの感情に心をとらわれた時は、むしろ、穏やかに静かにものを話すように心がけることが大切です。**

穏やかで静かな話し方をするだけで、気持ちが落ち着いてきます。

さらに、相手を非難するようなことを口にするのではなく、むしろ、その相手に感謝したり、ほめてみるのです。

「期待していた通りにならない時に、ここまで努力してくれたんですね。ありがとう」

「あなたは、しっかりと自分のペースを守っていくことができる人なんですね。羨《うらや》ましい」

といったような**感謝する言葉、相手をほめる言葉を口にすることで、自分自身が怒りの感情に振り回されずに済む**のです。

もちろん、怒りの感情を持つ時は、状況に何かしら問題が生じている時なのでしょう。

しかし、相手を非難するようなことを言っても、その問題は解決しません。

穏やかな口調で、その相手に感謝する言葉を述べてこそ、気持ちが落ち着き、冷静に問題の解決策を考えることもできるのです。

未来に振りかかってくるであろう迷惑や過去にかけられた迷惑について、考えない

◆問題点と解決策を書き出し、今やるべきことに集中する

アンガー・コントロールには、対人関係で怒らずに済む方法として、**「未来と過去のことを考えない」**というものがあります。

たとえば、共同してやっている仕事で、同僚の一人がミスをしたとします。

その際、人は往々にして、「未来と過去のこと」について考えをめぐらしてしまいがちです。

「この人がミスをしたおかげで、私にも迷惑がかかることになるだろう。今日は残業になるかもしれない。せっかく今日は、早く家に帰って、ゆっくり休めると思っていたのに」といったように、未来のことについても考えてしまいます。

また、「この人は、以前、同じようなミスをした。あの時も、私は散々迷惑をかけられた。

いったい、同じようなミスを何度繰り返せば気が済むんだろう」と、過去のことについて考えてしまいます。

しかし、このようにして**「未来と過去のこと」について思いをめぐらしてしまうと、怒りの感情がますます大きくなっていくばかりなのです。**

ですから、未来のこと、過去のことはひとまず横に置いておいて、今現在やるべきことに意識を集中させることが大事です。

この場合、同僚のミスをどのようにして上手に処理すればいいか、ということでしょう。

こういうケースでは、現在に意識を集中させるために、**「問題点と解決策を書き出す」**という方法も有効です。

ミスによってどのような問題が生じ、ではどのような対処策を取ればいいか、その同僚と話し合いながら書き出して見るのです。

「書き出す」というのは、言い換えれば、理性的な行為と言えます。

理性的な自分に立ち返ることによって、怒りという感情に振り回されずに済むのです。

怒りは後悔を生み、後悔はその人を不幸にしていく

◆「怒らないことが、幸せに生きるコツだ」と知っておく

ドイツのことわざに、**「怒りを発する時は、後悔が始まる時である」**というものがあります。

身近にいる人に怒りを感じ、ついカッとなって言わなくてもいいことを言ってしまうことがあります。

そのために、ケンカになります。

その結果、何日間も、お互いに話をしないような険悪な関係になってしまいます。

しかし、内心では、「あんなこと言わなければよかった。あんなつまらないことで怒らなければよかった」という後悔の念に心を奪われるようになるのです。

そのような経験は、多くの人にあるのではないでしょうか。

まさに、「怒った時は、後悔が始まる時」なのです。


次のような話を聞いたこともあります。

ある母親が、うつ病になりました。

そのきっかけになったのは、幼い我が子に怒ったことでした。

ある日、悪さをする子供に対して、声を荒らげて怒ってしまったのです。

その後、その母親は、「かわいい子供に、どうしてあのように激しく怒ってしまったんだろう。きっとあの子の心を傷つけてしまったに違いない。私は悪い母親だ」という後悔の念に心をすっかり奪われてしまいました。

そして、うつ病を発症するまで思い悩んでしまったのです。

怒るということは、怒る人に後悔の念をもたらします。

そして、怒る人も、怒られる人も不幸に追いやっていきます。

そのことをよく承知しておいて、**対人関係では「怒らない」ということを心がけて生きていくことが大切です。**

それが、幸せに生きるコツになるのです。

第8章
人との縁を大切にしていく

人との出会いが、自分自身の人生に大きなチャンスをもたらしてくれる

◆自分自身の人生のために、人との出会いを大切にしていく

人との出会いが、自分自身の人生に大きな幸福をもたらしてくれることがあります。自分一人だけではとうてい実現できそうもなかった夢を、人との出会いによって実現できた、という場合もあります。

そういう意味では、人との出会いは、自分自身の人生にとって大きなチャンスになる可能性があるのです。良き伴侶《はんりょ》、良きビジネスパートナー、良き友人、良き仕事仲間、良き指導者との出会いが、自分の人生を大きく変えるのです。

従って、人との出会いを大切にしていく必要があります。

書家で詩人の相田みつを（20世紀）は、**「その時の出会いが、人生を根底から変えることがある。良き出会いを求めていくことが大切だ**（意訳）**」**と述べました。

相田みつを自身、人との出会いによって、「人生が根底から変わる」という経験をした人でした。

二十代後半から書道家として成功することを目指した相田みつをは、当初、有名な公募の書道展に入選するなどして注目を集めたのです。

しかし、その後はまったく脚光を浴びることはありませんでした。

仕事はなく、生活は苦しいものになりました。

そんな相田みつをの人生にチャンスをもたらしたのは、紀《き》野《の》一義《かずよし》という仏教学者との出会いでした。

相田みつをは、紀野が主催する仏教の勉強会に出席するようになったのです。

紀野は、自分の著書の中で相田みつをを好意的に紹介し、それがきっかけで相田みつをは『にんげんだもの』という自作の詩集を出版することになりました。

この『にんげんだもの』がベストセラーになって、彼は一躍脚光を浴びました。

それは相田みつをが六十歳を過ぎた時のことでした。

そんな経験から、彼は、「人との出会いが、人生を根底から変える」という言葉を書いたのです。

人との出会いを、自分自身の人間的な成長につなげる

◆出会う人を「自分の師」と考えて、人とつきあっていく

人との出会いによって、自分自身が人間的に大きく成長する、という場合があります。

勉強会で講師の話を聞くうちに、「心がとても安らかになってきて、滅多なことで感情を乱さないようになった。精神的に成長できた」と言う人もいます。

ボランティア活動に参加し、その活動の代表者と知り合ったことがきっかけで、「私自身も、もっと人のために献身的に生きていくようにしたいという気持ちが強まった。人間的に、ちょっと大人になった」と話す人もいます。

新しいことに積極的にチャレンジしていくことが好きな人と、友人としてつきあうようになったことがきっかけで、「自分も負けずに、新しいことに挑戦していこうという意欲が増した。以前よりも前向きな生き方をできるようになった」と言う人もい

ます。

このように人との出会いは、自分の人生に人間的な成長をもたらしてくれるきっかけになることも多いのです。

小説家の吉川英治（19～20世紀）は、**「会う人は皆、自分の師だ**（意訳）**」**と言いました。

人生において出会う人は、その相手がたとえ年下の相手だろうと、異性であろうと、どんな人であろうと、人生というものを教えてくれる「師」だと考えて人とつきあっていくことが重要だ、という意味です。

どんな人も、自分の知らないことを知っているからです。

そのような意識を持つことによって、出会った人から多くのことを学び、強い刺激を受けて、自分自身が人間的により成長していけるのです。

他人は、自分にはないさまざまな「いいもの」を持っています。

それを見つけて、自分自身の成長のエネルギーにしていく、ということが大切なのです。

初対面では「印象の薄かった人」が、その後の人生で「大切な人」になっていく

◆第一印象で、その人とのつきあい方を考えないようにする

出会った当初は「この人が私の人生に大きな影響を与えることはないだろう」と考えていたような人が、その後、自分の人生にとって非常に大切な人になっていく、という場合があります。

ある女性は、現在の夫と初めて出会った時、それほど大した印象はなかったと言います。

好きとか、ステキな人だ、といった感情もまったくありませんでした。

しかし、つきあっていくうちに、だんだんと彼の人間性に惹《ひ》かれていくようになり、恋人同士としてつきあうようになり、そして結婚するに至った、と言うのです。

ドイツの小説家であるハンス・カロッサ（19〜20世紀）は、

「人生の長い航路をたどってくると、当初は偶然の道連れにすぎないと思えていた人が、ふと気がつくと、自分にとって大切な人だったことがわかる」と言いました。

「当初は偶然の道連れにすぎないと思えていた人」という言葉は、「出会った当初の第一印象は薄い相手だった」という意味を表しています。

そんな相手が、その後の人生の中で、自分にとって「大切な人」になっていくことがある、ということです。

そういう意味では、第一印象だけでその人とのつきあい方を考えていくようなことはしないことが賢明です。

たとえ印象が薄い相手であっても、何かしら感じるところがあれば、その人との出会いを大切にして、ていねいにつきあっていくよう心がけることが大事なのです。

良い人との出会いが、今後どのような意味をおびてくるかは、予想がつかないことだからです。

もしかしたら、その人が、自分にとって「大切な人」になる可能性もあるのです。

その人の本当の魅力は、ある程度つきあってみなければわからない

◆初対面で「この人とは、つきあう価値があるかどうか」を判断しない

モンゴルのことわざに、

「馬の良さは乗ってわかる。人の良さは、つきあってみてわかる」

というものがあります。

その馬が良い馬か悪い馬かというのは、見た目ではなかなか判断がつきません。

実際に乗ってみなければわからないのです。

それと同じように、対人関係においても、「その相手のすばらしさや、本当の意味での魅力といったものは、ある程度つきあってみなければわからない」ということを意味したことわざです。

初対面の時は印象が薄かった相手でも、つきあっていくうちに、「この人からは学

ぶべき点が多い」と気づくようになることもあるのです。

また、逆に、初対面の際は、「この人とつきあっておけば、自分としても得られるものが多くありそうだ」と期待していた相手でも、つきあっていくうちに意外と、「この人は自分のことしか頭にない、つまらない人だ」とわかってくることもあるのです。

人というものは、やはり、ある程度つきあってみなければわからないのです。


言い換えれば、初対面の印象で、「この人とつきあっておけば得になりそうだ」とか、「この人とつきあっても、時間の無駄《むだ》になるだけだろう」といったことは判断せずに、よほど相性が悪くない限り、また嫌いなタイプでない限り、**とりあえずは誰とでもある程度つきあってみる**、ということが大切なのです。

その人が自分にとって、どういう意味のある人間であるかを判断するのは、ある程度つきあってみてからでも遅くはないのです。

そうでないと、せっかくいい出会いに恵まれたとしても、その出会いから生まれるいろいろなチャンスをみずから捨ててしまうことにもなりかねないのです。

ほんのちょっとした出会いから、人生の大きなチャンスを見つけ出す

◆人との出会いを生かせる人間になるよう心がける

江戸時代初期の剣豪で、徳川将軍家の兵法指南役を務めた人物に柳生宗矩《やぎゅうむねのり》（16～17世紀）がいます。

この宗矩は、柳生家の家訓として、次のような言葉を書き残しました。

意訳して紹介します。

「大したことのない人物は、せっかく良い縁《えん》に恵まれても、それに気づかない。

一方で、良い縁に恵まれたことに気づくことができても、それを生かせないような人もいる。

何か大きなことを成し遂げる人物というのは、ほんのちょっとした縁であっても、それを生かすことができる」

この言葉にある「縁」とは、「人との出会い」と言い換えていいでしょう。

たとえば、大きなことを成し遂げる人物というのは、大勢の人が集まるパーティで、たまたま名刺交換をするような、ほんのちょっとした出会いであっても、その出会いを生かして自分の人生のチャンスにつなげることができるのです。

しかし、一方で、「今この人に声をかけて面識を得ておけば、大きなチャンスを得られる可能性がある」ということに、まったく気づかないでいる人もいます。

また、その相手と名刺交換し、会話を交わす機会もあったというのに、その場の出会いだけで終わり、その後何の連絡も取らなかったために、せっかくのチャンスをそのまま逃してしまう人もいます。

大きなことを成し遂げられる人と、そうではない人とでは、人との出会いにおいて、そのような違いがある、と柳生宗矩は述べているのです。

言い換えれば、ピンとくるような出会いがあれば、そこから人生のチャンスを見つけ出すよう、**日頃から注意力を持っておく**ことが大事だ、ということです。

人との出会いを大切にして、人との出会いを生かしていく

◆人と出会うチャンスを逃さない

徳川将軍家の兵法指南役を務めた柳生宗矩《やぎゅうむねのり》は、後に柳生藩（現在の奈良県奈良市柳生地区）の大名まで出世しました。

柳生宗矩は、戦国時代、現在の奈良県の柳生と呼ばれる地域を支配する豪族の家に生まれました。しかし、戦国の動乱の中、領地を奪われて、いわゆる浪人（領地や主君を失った武士の意味）になります。

その浪人という身分から大名にまで出世したのです。

これは、農民から天下人まで出世した豊臣秀吉に次ぐ、大出世であると言われています。

また、当時、剣豪と呼ばれる人物は宮本武蔵や佐々木小次郎など何人もいましたが、

大名にまで出世したのは、柳生宗矩ただ一人でした。

では、なぜ柳生宗矩がそこまで大出世ができたのかと言えば、そこには彼の**「人との出会いを大切にし、それを生かしていく」**というモットーがあったからです。

宗矩は当初、出世の足がかりを得るために、当時有力な大名であった黒田長政と知り合いました。

そして、長政の紹介で、徳川家康の前で剣術の腕前を披露《ひろう》するチャンスを得ました。

家康に気に入られた宗矩は家康に召し抱えられ、関ヶ原の戦いで功績をあげました。

そして、江戸幕府成立後、徳川将軍家の兵法指南役となり、二代目将軍秀忠、三代目将軍家光にも献身的に仕《つか》えて、とうとう生まれ故郷だった柳生地方の大名に取り立てられたのです。

宗矩は、**人生で出会った一人一人の関係を大切にし、それを自分のために生かしていった**のです。

このようなタイプの人間が、大きなことを成し遂げられる、ということです。

落ちぶれた状況の時に声をかけてくれる相手こそ、「一生の友人」になる

◆苦境にある時、心配してくれる相手との関係を大切にしていく

戦国武将の前田利家（16世紀）は、次のように言いました。

「自分が落ちぶれた状況にある時は、以前は親しげに声をかけてきていた人たちも近づいてこなくなる。
だからこそ、そのような時に声をかけてきてくれる相手こそ、自分にとっては本当の意味で大切な人なのだ（意訳）**」**

というのです。

現代社会でも、確かに、同じようなことがあります。

会社の花形部署で大活躍している時には、社内の人間、社外の人間を問わず、いろいろな人が親しげに声をかけてきます。

そういう人たちは、何か自分にとっても利益になることはないかと思って近づいてくるのでしょう。

しかし、その当人が何か大失敗をして花形部署からはずされて、落ちぶれた部署に左遷《させん》されてしまう場合もあります。

そのとたん、花形部署で活躍していた頃に、親しげに声をかけてきた人も何も言ってこなくなります。

落ちぶれた人の元から消え去ってしまうのです。

しかし、そんな落ちぶれた状況に追いやられた時であっても、自分の身の上を心配して声をかけてきてくれる人もいるのです。

苦境から抜け出す手助けをしてくれる人もいます。

そのような人こそ、当人にとって本当の意味で「大切な人」になります。

ですから、「そんな親切心を持つ相手との関係を今後ずっと大切にしていくことが大事だ」と、前田利家は語っているのです。

その相手は、当人の「一生の友人」であり「生涯《しょうがい》の恩人」になる人だと思います。

商売人は「ウソを言わない」ことで常連客を増やしていく

◆お客さんとの「不思議な縁《えん》」を大切にしていく

人と人とは、不思議な縁《えん》で結ばれているものです。

たとえば、商売をやっているお店と、お客さんの関係にも「不思議な縁」があります。

お客さんが、あるお店にやってくるのは、多くの場合、偶然だと思います。

「たまたまお店の前を通りかかり、ふと何気ない気持ちから、そのお店へ入ってみた」

という人もいるでしょう。

「たまたま友人との世間話の中で、そのお店の話題が出て、行ってみる気になった」

という人もいるかもしれません。

しかし、そんな偶然の出来事がきっかけとなって、その後ずっとその店をヒイキにしている、という人もいます。

そう考えると、お店とお客さんの関係にも「不思議な縁」があるものだと思えてくるのです。

したがって、お店の側とすれば、偶然にやって来るお客さんを大切にもてなさなければならないと思います。

そうすることで、そのお客さんは今後、二度三度とお店にやって来てくれるでしょう。偶然やって来るお客さんは、やがて常連客になるのです。

そうやって常連客を増やして行けば、お店はどんどん繁盛していきます。

偶然やって来るお客さんに常連客になってもらうための大切な心得があります。それは**「正直な商売をする」**ということです。「一時の儲けを出すために、ウソをつくようなことはしない」ということです。

幕末から明治時代にかけて活躍した近江商人に伊藤忠兵衛（19～20世紀）がいます。現在の商社である伊藤忠・丸紅の創業者となった人物です。

彼は、**「商売人は、いかなることがあっても、ウソを言ってはいけない」**と述べました。

やはり、「ウソを言わず、正直な商売をすることが、偶然やって来るお客さんを常連客にするコツになる」ということです。

自分が相手を疑えば、相手も自分を疑ってくると知っておく

◆「私を信頼してください」と言う以前に、自分が相手を信頼する

セールスマンが取引先の会社に、「私どもの能力を信頼して、この仕事を私たちに任せてもらえませんでしょうか」と営業をかける場合、大切なことは相手側の会社から自分たちの会社を信頼してもらうことだと思います。

信頼を勝ち取ることができなかったら、商談は成立しないでしょう。取引先は大きな仕事を、自分たちの会社に任せてくれないと思います。

あらゆる取引の基本には「信頼関係」があるのです。

では、どうすれば相手方の信頼を勝ち取ることができるのでしょうか。

このテーマについて考える上で、明治時代、近代の日本経済の基礎を作ったと言われる実業家の渋沢栄一（19～20世紀）が参考になる言葉を述べています。

「自分が相手を疑いながら、自分を信頼してほしいと言うのは、虫のいい話だ」というのです。

「虫がいい話」とは、「自分にとって都合がいい」「身勝手な考え方だ」といった意味です。

「私たちの会社を信頼して、仕事を任せてほしい」と言っておきながら、腹の中では「この会社は、今は勢いが良いけれど、いつ落ち目になるかわからない。落ち目になったら、もう仕事を頼まない」といった疑いの気持ちを持っているようでは、本当の意味での信頼関係など築いていけるはずなどありません。

「私たちの会社を信頼してください」と言うのであれば、「私たちもあなたの会社をいつまでも信頼していきます」という気持ちがなければダメなのです。

自分が相手を心から信頼してこそ、相手も自分を信頼してくれるのです。

自分に相手を疑う気持ちがあれば、相手も自分を疑ってきます。

これが人間関係の法則です。

ビジネスも、基本的には、人と人との関係なのです。

「これが一生で、たった一度きりの出会いだ」という意識を持って人に会う

◆一つ一つの出会いを大切にしていくことで、人との縁は深まっていく

禅の言葉に、**「一期一会《いちごいちえ》」**というものがあります。

「一期」とは、「一生」という意味です。

「一会」には、「たった一度きりの出会い」という意味があります。

この言葉には、「人との出会い」についての、禅の考え方があります。

誰かに会う時、**「これが一生で、たった一度きりの出会いである。今後はもう、この人と出会うチャンスはないかもしれない」**と考えることが大切です。

そう考えると、その出会いがとても貴重なものに思えてきます。

「それだけその人を大切にもてなさなくてはならない」という気持ちが生じます。

つまり、出会った人との出会いを大切にして生きていく、という考え方なのです。

この「一期一会」という禅語は、茶道でもよく用いられます。

茶席にお客様を招く時にも、まさに「これが一生で一度きりの出会いである」と考えて、それだけ心をこめたおもてなしでお客様を迎えることが大切だ、ということなのです。

一般の人が、誰かに会う時も「一期一会」を心がけることが大切になってくると思います。

取引先を接待する時、仕事の関係者を紹介してもらう時、あるいは昔の友人に久しぶりで会う時など、「一期一会」の精神で人に会うのです。

実際には、以前にも会った人かもしれませんし、また、今後も会う機会があるだろう相手だと思います。

しかし、精神的な意味で、「これが一生で、たった一度きりの出会いだ」という意識を持つのです。そうすることで、**「この人と会っている時間を大切にしたい。有効なものにしたい」**という気持ちが強くなるのです。

一つ一つの出会いをそのような意識を持って大切にしていくことで、人と人との縁は深まっていくと思います。

外見や肩書きによって、その相手とのつきあい方を変えてはいけないと知る

◆誰に対しても平等に、やさしい態度でつきあっていく

禅のエピソードに、次のようなものがあります。

一人の修行者が、教えを受けるためにある禅師のもとを訪ねました。

禅師は、その修行者に、「あなたは以前、ここへ来たことがありますか」と尋ねました。

修行者が「以前、一度、来たことがあります」と答えると、禅師はニッコリと笑って、「そうですか。まあ、お茶をおめし上がりください」と、やさしくもてなしました。

また、ある日、別の修行者が禅師のもとを訪ねて来ました。

禅師は、その修行者に、「あなたは以前、ここへ来たことがありますか」と尋ねました。

その修行者が「ありません。初めて来ました」と答えると、禅師はニッコリと笑って、「そうですか。まあ、お茶をおめし上がりください」と、やさしくもてなしました。

こんなエピソードから、**「喫茶去《きっさこ》」**という禅語が生まれました。

「去《こ》」には、「さあ、どうぞ」という、人に何かを勧める意味があります。

つまり、**「さあ、お茶をおめし上がりください」**という意味です。

この禅語、またこの禅のエピソードには、**以前来たことのある相手であろうと、初めて来た相手であろうと、分け隔てることなく平等に、大切にもてなすことが大事だ、**という禅の考え方が表されているのです。

さらに言えば、男であろうが女であろうが、金持ちだろうが貧乏人だろうが、偉い肩書きがある人だろうが、肩書きなどない人だろうが、**どんな相手であっても差別したり、偏見《へんけん》を持つことなく、等しく大切につきあっていくことが大事だ、**ということを教えてくれているのです。

この禅の考え方は、一般人の人づきあいにも参考になると思います。

人はつい相手の外見や肩書きによって、つきあい方を変える傾向があります。

しかし、それは人との良いつきあい方ではないと思います。

第9章
みんなで幸せになっていく

人との繫《つな》がりを大切にして、幸福になっていくことを考える

◆家族や友人や仕事仲間の幸福について考える

人は一人で生きているのではありません。

たくさんの人たちとの繫《つな》がりの中で生きています。

それは家族との繫がりであり、友人との繫がりであり、また仕事仲間との繫がりです。

そのような環境において、**「自分一人だけが幸福であれば、他人はどうでもいい」といった生き方をしていても、決して幸福にはなれません。**

そのようなわがままで自分勝手な生き方は、周りの人たちとの繫がりを断ち切ってしまうことになるからです。

そのようなタイプの人は、結局は、プライベートの生活においても仕事場でも孤立することになります。

そして、結果的には、不幸になっていくことになるのです。

幸福に生きていくためには、自分が幸福になることだけを考えるのではなく、周りの人たちとの繋がりを大切にしていくことが肝心《かんじん》です。

人との繋がりを大切にするとは、人のために尽くすということです。

周りにいる人たちを助け、励まし、喜びを与えていくのです。

詩人であり童話作家だった宮沢賢治（19〜20世紀）は、

「世界全体が幸福にならないうちは、個人の幸福はあり得ない（意訳）**」**と言いました。

「世界全体を幸福にする」というのは、少し大げさな表現ですが、要は「身の周りの人たちを幸福にすることによって、自分自身も幸福になる」とも考えられます。

そのような献身的な努力を通して、初めて、自分という個人も幸福になっていける、と言っているようです。

この宮沢賢治の言葉も、やはり、家族や友人や仕事仲間との繋がりを大切にしていくことについて述べられているのです。

「一人だけ」ではなく、「みんなで幸せに」という生き方がいい

◆自分だけいい思いをしようと考えない

自分一人だけ、いい思いをしようと思っていると、長期的には損をすると思います。

賢明な人は、「自分だけ利益を得られればいい」とは考えません。

「自分だけではなく、みんなで幸せになっていこう」という意識を強く持って、人とつきあっていくことが、賢明な人なのです。

言い換えれば、「自分だけ」というタイプの人は、本人が望むように、いい思いをすることもできなければ、利益を得ることもできないでしょう。

安らかな幸福感を得て、また満足のできる利益を得られるのは、「みんなで幸せ」というタイプの人なのです。

鎌倉時代から江戸時代にかけて、また明治大正時代になっても全国的に活躍した近

江商人の言葉に、**「三方《さんぽう》よし」**というものがあります。

ちなみに近江商人とは、現在の滋賀県東北部、琵琶湖の東岸に当たる地域を本拠地とした商人で、日用品を中心に全国を行商して歩きました。

また、行商先の地域に根ざして、そこで新たに商売を始めた商人もいます。

現在の大企業の中でも、近江商人をルーツにした会社が多くあります。たとえば、百貨店の高島屋、商社の伊藤忠商事、寝具の西川産業などです。

ところで、「三方よし」の「三方」とは、「商売人」「お客さん」、そして「商売をする地域の住人」を意味しています。

「三方よし」とは、**「商売人だけがいい思いをするのではなく、お客さんにも幸福感と満足感を与え、また商売をする地域の住人全員から喜んで歓迎してもらうように心がけて商売することが大切だ」**という、近江商人のモットーを表した言葉なのです。

まさに、「自分だけではなく、みんなで幸せになる」という考え方を持っていたからこそ、近江商人は長い時代にかけて繁栄してきたのです。

仕事はもちろん、日常生活でも、「みんなで幸せになる」という意識を持って人とつきあっていくことが、自分自信の幸福につながる、ということです。

身の周りにいる家族や仕事仲間と、共有していく夢を持つ

◆みんなと共有する夢に向かって、お互いに協力していく

南米・ウルグアイのジャーナリストだったエドゥアルド・ガレアーノ（20〜21世紀）は、

「一人で見る夢も良い。しかし、みんなで見る夢は、すばらしい現実となる（意訳）**」**

と述べました。

人が幸福に生きていくために「夢を持つ」ということは、とても重要なことであると思います。

もちろん、自分ならではの個人的な夢を持つことも大切です。

一方で、そんな「一人で見る夢」の他に、「みんなで見る夢」を持つことも、その人に幸福な人生をもたらしてくれるのです。

「みんなで見る夢」とは、たとえば、家族全員で話し合って決める夢です。

「今年の夏は家族で旅行しよう」といったことでもいいでしょう。

あるいは、職場の仕事仲間で共有する夢です。

「みんなで協力して、このプロジェクトを成功させよう」といったことです。

身の周りの人たちと、そのように夢を共有してつきあっていくことで、お互いの人間的な絆《きずな》が強まっていきます。

信頼関係が深まり、単なる形式的なつきあいではなく、人と人としての深い関係を持つことができるようになります。

ガレアーノの言葉にある「みんなで見る夢は、すばらしい現実となる」とは、そのような意味のことを述べているのです。

周りの人たちと夢を共有し、その夢に向かって力を合わせていく経験は、その経験自体が「すばらしい現実」になるのです。

お互いに励まし合ったり、助け合ったりしていく経験が、かけがえのない「すばらしい現実」になるのです。

初めから見返りなど求めずに、人のために尽くしていく

◆「見返りを求めるから、不満がたまる」と知っておく

「彼のために尽くしてあげたのに、彼は私のために何もしてくれない」

「彼女が困っている時、僕は助けてあげたのに、僕が困っている時、彼女は僕を助けてくれなかった。あんな恩知らずな人はいない」

などと不満を言う人がいます。

このように言う人は、恐らく、人のために尽くすという行為に、当初から何か見返りを求めていたと思います。

たぶん、「これだけのことをしてあげるのだから、何か大きな見返りがあるはずだ」ということを期待して、人のために尽くしていたのでしょう。

しかし、往々にして、このような「見返りの期待」は裏切られるものです。

というのも、相手が、自分が期待していたような見返りを与えてはくれない場合が多いからです。

その結果、「あの人は恩知らずだ」などと不満を言うことになりやすいのです。

そうならば、初めから見返りなど求めずに人に尽くしていくほうが賢明に思います。

そうすれば、見返りなど得られなくても、人にために尽くしたという満足感と幸福感が得られます。

デール・カーネギーは、**「幸福になりたければ、やれ恩を返せだの恩知らずだのと言わないで、人に尽くす喜びだけを生きがいにしていくことが大切だ」**と言いました。

この言葉も、言い換えれば、「初めから見返りなど求めずに、人に尽くしていくことが大切だ」ということを述べているのです。

見返りを求めない気持ちがあれば、見返りがなくても心が乱れることはありません。

いつも平常心で生きていけます。

また、もし何かしらの見返りが得られることがあれば、それは大きな喜びになってくれるでしょう。

感謝する気持ちを持つことで、お互いの人間関係は深まっていく

◆出会った当初から最後まで、相手に感謝する気持ちを忘れない

キリスト教の牧師であり、また教育者でもあった飯清《いいきよし》（20世紀）は、次のように言いました。

「20代の夫婦は情熱で結ばれている。
30代の夫婦は努力で結ばれている。
40代の夫婦は忍耐で結ばれている。
50代の夫婦はあきらめで結ばれている。
60代の夫婦はいたわりで結ばれている。
70代の夫婦は感謝で結ばれている」

この言葉は夫婦関係について述べられたものですが、恋人や友人関係であっても、

あるいは仕事のパートナーについてであっても、同じことが言えると思います。

出会った当初は、「お互いに仲良くやっていこう」「一緒に仕事を成功させよう」という「情熱」に燃えてつきあっていきます。

そして、目標に向かって良き協力者として、お互いに力を合わせて「努力」していきます。

やがて、人間関係にもマンネリの時期がやってきます。相手の性格や行動に対する「忍耐」「あきらめ」といった感情が生じてくるのです。

それを通り過ぎれば、「いたわり」や「感謝」といった優しい感情が生まれてきて、人間関係の絆《きずな》は深まっていくのです。

この言葉の中で、飯清は、この「感謝の気持ちで結ばれた関係こそが、もっとも貴重なものだ」と言っているように思えます。

また、言い換えれば、「二十代であっても、三十代でも、お互いに感謝の気持ちを持っていれば、それはすばらしい関係になる」と言っているようにも思います。

恋人や友人同士の関係であっても、ビジネスパートナーとの関係でも、出会った当初から最後まで「感謝する気持ち」を忘れないで持ち続けることが大事です。

励ましや慰めの言葉は言えても、「ありがとう」と言えない人は多い

◆「感謝する言葉」を、もっとたくさん使っていく

人は、よく、身近にいる人たちを「がんばって」と励まします。

また、相手が困っている状況にある時は、「こうするほうが良いと思う」と、助言を与えることもあります。

相手が苦しい状況にある時には、「だいじょうぶだよ」と慰《なぐさ》めることもあります。

また、「あなたを愛しています」と、愛情を伝えることもあります。

これらの行為の背後には、すべて、「相手との人間関係の絆《きずな》を強めていきたい」という思いがあると思います。

「お互いにもっと協力していきたい」「私にとって、あなたは大切な存在です」「愛し合って仲良くやっていきたい」という気持ちがあるからこそ、その相手を励まし、

助言を与え、慰め、また愛する気持ちを伝えていくと思います。

しかし、それだけでは人間関係の絆は強まってはいかないのです。

もう一つ、大切なことがあります。

それは、**「相手に感謝する」**ということです。

あるアメリカの映画に出てくるセリフに、

「私は今、気づいた。これまで私は君に、励ましや慰めの言葉はたくさんかけてきたが、そう言えば、『ありがとう』という感謝の言葉はあまり使ってこなかった」といったものがあったのを覚えています。

このセリフは、夫婦関係でも、恋人や友人との関係、あるいはビジネスパートナーとの関係においても当てはまるように思います。

特に、親しい関係になった相手には、人は得てして、励ましや慰めの言葉はかけても、「ありがとう」という言葉を使わなくなる傾向があります。

これは残念なことです。相手との関係をさらに深めていくために、「ありがとう」という言葉をもっとたくさん使っていくことが大切です。

感謝を、心の中で思っているだけでなく、行為によって相手に伝えていく

◆感謝は行動によって示すべきものであると知る

スペインの小説家で『ドンキホーテ』の作者であるミゲル・デ・セルバンテス（16～17世紀）は、

「心の中で感謝するだけなら、本当の感謝ではない。感謝は行動によって示すことが大切だ」と言いました。

心の中で「ありがとう」とつぶやいているだけでは、その感謝の気持ちは相手に伝わってはいきません。

やはり相手に聞こえる声にして、しっかりと相手に「ありがとう。あなたのおかげで、いつも助かっています。感謝しています」という気持ちを相手に伝えていくことが大切なのです。

そのような形にして感謝の気持ちを示してこそ、相手との関係は深まり、また強くなっていくのです。

また、相手が困ったり、忙しい状況にあると気づいた時には、「いつも助けてもらって感謝しているんです。今度は、私が、あなたのお手伝いをします」と、実際の行動で「いつも感謝している」という気持ちを表すことが大事なのです。

「いつも助けてもらって感謝している」のにもかかわらず、相手が困った状況にある時には、何の手助けもしないというのでは、相手にとっては、そもそも本当に感謝の気持ちがあるのかどうかさえ疑わしく感じられてしまうに違いありません。

夫がたまには妻の家事を手伝ったり、妻が夫の誕生日に手間暇をかけて手作りの料理を作るということも、感謝の気持ちを伝える行為になります。

世話になった人に、心のこもったプレゼントを贈る、という方法もあります。

「ありがとう」と言うことも感謝の気持ちを伝える一つの行為ですが、それに加えて、このような、**「日頃世話になっている人のために、何かしてあげる」**という行為をして、感謝の気持ちを伝えていけば、さらにお互いの絆《きずな》が強まっていくでしょう。

「自分も大いに助けられている」ということに気づき、そして感謝する

◆自分が感謝されることばかり意識しない

「あの人から感謝されることはあっても、私からあの人に感謝するようなことは何もない」ということを言う人がいます。

特に、上の立場にいる人が、下の立場にいる人間に、このような感情を抱くケースが多いようです。

たとえば、職場の上司と部下の関係です。

上司は部下に、「いつも君のために私が苦労させられているんだ。もっと私に感謝してほしい」ということは言いますが、上司から部下に対して「君のおかげで、私自身、助けられていることも多い。君に感謝しているよ」といったことはあまり言わない、というケースが多いように思います。

しかし、実際には、「上司が部下に助けられている」ということも多くあるのです。にもかかわらず、部下に感謝の気持ちを伝える上司が少ないのは、上司自身がそれに気づいていない証しなのでしょう。

「上司が部下に苦労させられている」という点はしっかり覚えているのに、「上司が部下に助けられている」ということには気づかないのです。

思想家であり、ヨガの行者でもあった中村天風《なかむらてんぷう》（19～20世紀）は、

「感謝するに値するものがないのではない。感謝するに値するものがあるのに、本人がそれに気がつかないでいるだけだ（意訳）**」**

と述べました。

まずは**上司自身が、「私も部下に助けられている」と気づくことが大切です。**

そして、感謝の言葉を伝える、食事をおごるなど、部下への感謝の気持ちを行為によって伝えるのです。

そうしなければ、本当の意味で、上司と部下の信頼関係は生まれないと思います。

夫婦や仕事仲間と、一つの目標を共有して、協力し合っていく

◆全員で共有できる一つの目標を設定する

身近な人たちとの絆《きずな》をさらに強いものにしていくために、「お互いに共通する目標を掲げて、それに向かって協力し合っていく」という方法があります。

フランスの作家で『星の王子さま』の作者であるサン・テグジュペリ（20世紀）は、「**愛するということは、お互いに見つめ合うことではなく、共に同じ方向を向くことだ**」と述べました。

「共に同じ方向を向く」とは、「一つの目標を共有して、それに向かって協力していく」ということです。

たとえば、夫婦であれば、「二人で協力して、幸福な家庭を築いていく」という一

つの目標を共有して、それを実現するためにお互いに助け合い、励まし合い、慰め合い、そして感謝し合っていくのです。

そのようにして夫婦の絆を強めていき、夫婦の愛を大きく育てていくのです。

夫婦で共有する目標をもっと具体的に、「五年後までに貯金を増やして、マイホームを購入する」といったものにしてもいいでしょう。

その目標に向かって、お互いに協力し合っていけば、やはり夫婦の絆が強まっていきます。

また、**サン・テグジュペリの言葉にある「愛するということは」の部分は、「働くということは」と書き換えてもいいと思います。**

たとえば、同僚や上司たちと、「このプロジェクトでは、今年度でこれだけの売り上げを達成し、そして成功させる」という目標を共有し、それに向かってお互いに助け合い、励まし合い、慰め合い、そして感謝し合っていくのです。

そうすることでお互いの信頼関係が強まって、全員で一丸《いちがん》となってがんばっていけるのです。

独創的な仕事は一人でするものではない、みんなで協力して実現するものだ

◆独創的な仕事をするためにも、対人力を身につける

フランス文学者だった桑原武夫《くわばらたけお》（20世紀）は、**「現代では、独創的な成果をあげるためには、たくさんの人たちの協力なしではありえない**（意訳）**」**と述べました。

昔であれば、天才的な人物が、ほとんど独力で独創的な成果をあげる、ということがありました。

たとえば、「進化論」を説いた科学者のダーウィンなども、大きな組織には属さず、ほとんど独力で研究を進めていたといわれています。

他の科学者、あるいは文学者や芸術家などにも、他の人の協力は借りずに独力で独創的な成果をあげる人が多かったのです。

しかし、現代は、そういう状況にはありません。

独創的な発見をし、それを世の中のために役立てようと思えば、たくさんの人たちの協力が必要になってきます。

たとえば、一概にダーウィンとは比較できませんが、IPS細胞の研究でノーベル賞を受賞した山中伸弥《やまなかしんや》教授などは、たくさんの協力者と共に研究開発に取り組んでいます。

これは科学研究の分野だけに限らず、一般の会社で新しいプロジェクトを進めていく際にも、あるいは社会福祉の組織を立ち上げてボランティア活動を行うに当たっても、やはり「たくさんの人たちの協力なしではありえない」のではないかと思います。

言い換えれば、**いかにして多くの人たちの協力を得られるかが、独創的な活動を成功に導けるかどうかのポイントになってくる**のです。

そういう意味のことを、桑原武夫は述べていると思います。

そのために必要になってくるのが「対人力」です。

つまり、みんなで一つの目標を共有し、それに向かってお互いに助け合い、励まし合い、慰め合い、そして感謝し合っていこうという精神を持つことなのです。

人のためになることをしてこそ、自分の人生が豊かなものになっていく

◆自分の人生のために、「人と共に生きていく」ための知恵を学んでいく

アメリカの牧師であり教育者だったジョセフ・マーフィー（19〜20世紀）は、

「富を増やすコツは、独り占めの発想から脱却することだ。人と協力し、人のためになることを目指す時、その人の富は大きくなる」

と述べました。

この言葉にある「富」とは「財産」ばかりを意味するのではなく、「精神的な幸福感や満足感」も含んでいると思います。

つまり、

「自分だけ幸福になりたい」と考えてはいけないのです。

「自分だけ儲かればいい」と考えてはダメなのです。

そんなふうに「自分だけ」と考えても、幸福にはなれません。

少しの利益も得られません。

むしろ、幸福から離れていき、苦しい思いをしなければならなくなります。

利益を得るどころか、利益をどんどん失っていき、貧しくなっていくのではないでしょうか。

マーフィーが言う通り、人と協力し、人のためになることを目指して生きていくことが大切なのです。

そういう生き方をしてこそ、自分自身が幸福になれます。

満足感のある生活をしていけるだけの利益を得られるのです。

「対人力」とは、「自分の幸福や利益のためだけに、他人を利用する」テクニックではありません。

まさに、**「人と協力し、人のためになることをして、みんなで仲良く幸せになっていく」**ために必要な力です。

対人力を磨くことによって、自分自身の人生を豊かにしていくことができます。

「人と共に生きていく」ための知恵の力こそが、「対人力」なのです。

植西 聰（うえにし・あきら）
心理カウンセラー
東京都出身。著述家。
学習院大学卒業後、資生堂に勤務。
独自の『成心学』理論を確立し、人々を明るく元気づける著述を開始。
一九九五年（平成七年）、「産業カウンセラー」（労働大臣認定資格）を取得。
〈主な著書〉
・折れない心をつくるたった1つの習慣（青春出版社）
・平常心のコツ（自由国民社）
・「いいこと」がいっぱい起こる！ブッダの言葉（三笠書房・王様文庫）
・話し方を変えると「いいこと」がいっぱい起こる（三笠書房・王様文庫）
・マーフィーの恋愛成功法則（扶桑社文庫）
・ヘタな人生論よりイソップ物語（河出書房新社）
・カチンときたときのとっさの対処術（ＫＫベストセラーズ・ワニ文庫）
・運がよくなる１００の法則（集英社・be文庫）
・運命の人は存在する（サンマーク出版）
〈近著〉
・やっぱり「誠実な人」がうまくいく（毎日新聞出版）
・人を立てるとうまくいく（祥伝社）
・自分を信じる人がいちばん強い（青春出版社）
・「やっかいな人」から身を守る85のコツ（電波社）
・すぐやる技術（海竜社）
・1分で自分を変える感情整理のコツ（ＰＨＰ研究所）
・マーフィーの法則 人生の9割は思いどおりになる！（廣済堂出版）

対人力《たいじんりょく》のコツ

人間関係が楽になる94の知恵

二〇一六年（平成二十八年）四月二十七日　初版第一刷発行
二〇一六年（平成二十八年）五月二十六日　初版第二刷発行

著　者　植西 聰
発行者　伊藤 滋
発行所　株式会社自由国民社
東京都豊島区高田三―一〇―一一
〒一七一―〇〇三三　http://www.jiyu.co.jp/
振替〇〇一〇〇―六―一八九〇〇九
電話〇三―六二三三―〇七八一（代表）

造　本　JK
印刷所　新灯印刷株式会社
製本所　新風製本株式会社